Treffpunkt Beruf

Deutsch für den Beruf B1

von
Eva Harst
Susan Kaufmann
Margret Rodi
Lutz Rohrmann

Klett-Langenscheidt

München

Von Eva Harst, Susan Kaufmann, Margret Rodi und Lutz Rohrmann

Layoutkonzept: Andrea Pfeifer, Kommunikation + Design, München

Illustrationen: Nikola Lainović

Umschlaggestaltung: Bettina Lindenberg

Umschlagfotos: *Zimmerin*: Istockphoto.com, FrenchToast; *Rezeptionistin*: Shutterstock.com, Diego Cervo; *Lagerarbeiter*: Istockphoto.com, Cathrine Yeulet; *Ärztin*: fotolia.com, Photoroller; *Elektriker*: fotolia.com, Lisa F. Young; *Koch*: fotolia.com, Monkey Business; *KFZ-Werkstatt*: fotolia.com, Jörn Buchheim; *Gemüsehändler*: fotolia.com, gwimages

Redaktion: Annalisa Scarpa-Diewald

Für die Audio-CD:
Tonstudio: Plan 1 Media, München und Kreativ-Klang Tonstudio, München
Aufnahme, Schnitt und Mischung: Christoph Tampe, Plan 1 Media, München und Stephanie Hübner, Kreativ-Klang Tonstudio, München
Sprecher: Anne Bergmann, Neli Chakarova, Werner Diewald, Ruth Gelfert, Nikola Lainović, Johannes Meier, Annalisa Scarpa, Theo Scherling, Helge Sturmfels, Regina Kamberow-Thiemann, Laura Tongiani, Peter Veit, Sabine Wenkums, Dennis Williams

Besuchen Sie uns auch im Internet: www.klett-sprachen.de

1. Auflage   1 ⁶ ⁵ ⁴ ³ ² | 2017 16

Satz: Franzis print & media GmbH, München
Gesamtherstellung: Print Consult GmbH, München

ISBN 978-3-12-606064-6

MIX
Papier aus verantwor-
tungsvollen Quellen
FSC® C084279

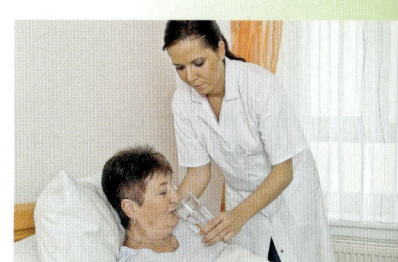

Service

1 Termine am Telefon vereinbaren – reservieren

a Lesen Sie die Notizen. Worum geht es?

⊙ 2–5 **b** Sie hören vier Terminvereinbarungen. Ordnen Sie die Karten zu.

c Hören Sie noch einmal und ergänzen Sie die fehlenden Informationen.

Ⓐ **Restaurant – Dialog** _____

Tag(e): _____

Uhrzeit: _____

Name: _Roschke / Mediadata_____

Grund des Anrufs: _____

Sonstiges: _____

Ⓑ **Restaurant – Dialog** _____

Tag(e): _____

Name: _____

Uhrzeit: _13:00 Uhr_____

Grund des Anrufs: _____

Sonstiges: _____

Ⓒ **Hotel – Dialog** _____

Tag(e): _3_____

Datum: _____

Name: _____

Grund des Anrufs: _____

Sonstiges: _____

Ⓓ **Hotel – Dialog** _____

Tag(e): _____

Datum: _17.5.–_____

Name: _____

Grund des Anrufs: _____

Sonstiges: _____

---

d Sammeln Sie zuerst Wörter und Ausdrücke an der Tafel und spielen Sie dann die Situationen 1–5 (Seite 5) am Telefon.

Terminwünsche
Haben Sie ... einen Tisch / ein Zimmer frei?
Wir brauchen auch ...

Reaktionen
Ja, da haben wir ...
Nein, da ist leider schon ...

Probleme/Vorschläge
Da habe ich leider nichts mehr frei, würde es auch ... gehen?

Situationen

1. Jemand möchte in einem Hotel fünf Zimmer und einen Tagungsraum für eine Tagung reservieren. (Berufe: Hotelmitarbeiter/in – Sekretär/in)
2. Jemand möchte für den Chef einen Termin beim Arzt vereinbaren. Der Chef kann aber immer erst ab 16 Uhr. (Berufe: Arzthelfer/in – Sekretär/in)
3. Jemand möchte fünf Theaterkarten für Samstag, den 13. Mai bestellen. Es gibt aber nur noch drei. Am Sonntag, den 14. Mai gibt es fünf. (Berufe: Sekretär/in – Mitarbeiter/in im Kartenshop)
4. Jemand möchte mit einer anderen Person einen Gesaprächstermin vereinbaren. (Berufe: zwei Mitarbeiter/innen z. B. in einem Büro)
5. Jemand möchte einen Termin beim Frisör. Die Person möchte am Samstagmorgen kommen, aber da ist eigentlich kein Termin mehr frei. (Kunde/-in – Mitarbeiter/in beim Frisör)

2 Kunden beraten

⊙6 **a Hören Sie zu und ergänzen Sie den Dialog.**

● Haben Sie _____ ?
○ Nein, noch nicht, können Sie uns etwas empfehlen?

● Was _____ ?

○ Ich esse sehr gerne Fisch und meine Partnerin isst am liebsten vegetarisch.

● Da _____ den Fisch

_____ . Der Zander ist heute ganz frisch. Und für Sie _____ noch ein Ragout von frischen Steinpilzen im Angebot.
○ Das ist gut. Ich nehme den Zander.
▲ Und ich die Steinpilze.

würde ich Ihnen

schon gewählt

hätte ich außerhalb der Speisekarte

hätten Sie denn gern

empfehlen

b Schreiben Sie eigene Dialoge wie in 2a und spielen Sie sie.

c Was sagen Kunden (K), was sagen Mitarbeiter (M)? Ordnen Sie zu und ergänzen Sie weitere Äußerungen.

1. Guten Tag, was darf's sein? __M__
2. Kann ich Ihnen helfen? _____
3. Ist/sind … frisch? _____
4. Wir wäre es denn mit …? _____
5. Was kostet das? _____
6. Ich kann Ihnen besonders … empfehlen. _____
7. Nein, das gefällt mir nicht, haben Sie auch …? _____
8. Haben Sie für meinen Sohn …? _____
9. Haben Sie auch …? _____
10. Nein, leider nicht, aber ich kann Ihnen … _____
11. Ja. Vier Kisten, wie gestern? _____
12. Das ist aber ziemlich teuer. _____
13. Oh, das tut mir leid, … haben wir erst morgen / nächste Woche wieder. _____
14. Ja, das ist nicht billig, aber … _____
15. Ja, alles ganz frisch vom Großmarkt heute Morgen. _____

d In welchen Arbeitsfeldern können die Redemittel aus 2c vorkommen? Schreiben Sie kleine Dialoge als Beispiele.

M Guten Tag, was darf es sein?
K Sind die Tomaten frisch?
M Ja. Vier Kisten, wie gestern?
K Was …?

M Guten Tag, kann ich Ihnen helfen?
K Haben Sie Winterstiefel in Größe 41?
M Aber sicher, welche Farbe suchen Sie denn?

3 Auf Beschwerden reagieren

⊙ 7–9 **a Sie hören drei Dialoge.**
Ordnen Sie die Bilder zu.

b Hören Sie noch einmal und notieren Sie: Was ist das Problem? Wie reagieren die Personen?

	Problem	Reaktion
Dialog 1	Das Steak …	

c Lesen Sie den Dialog in unterschiedlichen Stimmungen: freundlich, sachlich, distanziert.

● Bedienung!
○ Was kann ich für Sie tun?
● Das Steak ist blutig. Ich hatte durch bestellt.
○ Oh, das tut mir leid, ich bringe es sofort zurück in die Küche.
● Aber ich kann nicht wieder eine halbe Stunde warten.
○ Nein, nein, das wird sofort erledigt.
● Danke.

d Ein Kunde beschwert sich. Wie reagieren Sie? Spielen Sie zu zweit eine Situation.

Beschwerde	**Reaktion**
Entschuldigen Sie, aber …	Oh, das tut mir leid …
Ich habe … bei Ihnen gekauft, aber …	Entschuldigen Sie bitte …
Ich warte schon seit einer Stunde auf …	Möchten Sie … oder das Geld zurück?
Das ist eine Unverschämtheit!	Ich kümmere mich sofort darum.
Ich möchte sofort Ihren Chef sprechen.	Selbstverständlich, wie Sie wünschen.
	Da können wir leider nichts machen …

e Welche Erfahrungen haben Sie mit Beschwerden gemacht? Wie haben Sie reagiert? Erzählen Sie.

Ich hatte mal einen Kunden, der hat …

Darüber habe ich mich sehr geärgert.

Ich habe ganz freundlich reagiert.

4 Auf schriftliche Reklamationen reagieren
a Lesen Sie die E-Mail und beantworten Sie die Fragen.

1. Worüber hat sich die Kundin beschwert?
2. Welchen Grund für das Problem nennt die Mitarbeiterin?
3. Welchen Vorschlag macht die Mitarbeiterin?

Von: service@is-hotel.de
An: m.dorthoff@ggl.de
Cc:
Betreff: Zimmerreservierung – Ihre E-Mails vom 2.8. und 9.8.

Sehr geehrte Frau Dorthoff,
vielen Dank für Ihre E-Mail vom 9.8. Bitte entschuldigen Sie, dass Sie auf Ihre E-Mail vom 2.8. keine Antwort von uns erhalten haben. Wir hatten ein Internetproblem und dabei ist Ihre Nachricht leider verschwunden. Ihre Reservierung habe ich nun vorgenommen und wir freuen uns, Sie vom 26.8. bis 28.8. bei uns begrüßen zu dürfen.
Als kleine Entschuldigung für diese Panne möchten wir Sie am Tag Ihrer Ankunft zu einem Begrüßungsdrink einladen.

Mit freundlichen Grüßen
Halima Mimiko
Reservierungen
service@is-hotel.de

---

b Wählen Sie eine Reklamation aus und antworten Sie nach dem Schema 1–4 unten. Vergessen Sie nicht die Anrede und den Gruß am Schluss.

Franz Kunz hat eine Reise nach Mallorca gebucht, aber eine Woche vor der Reise die Reiseunterlagen noch nicht bekommen.	Tina List hat im Internet eine Computermaus gekauft. Das Gerät funktioniert nicht. Sie möchte ein anderes haben.	Oskar Meyer war im IS-Hotel. Er konnte eine Nacht nicht schlafen, weil der kaputte Aufzug Lärm machte.	Silke Thomson hat bei ShoeNet, einem Internetanbieter, Schuhe gekauft. Aber sie wurden in der falschen Farbe geschickt.

1 Einleitungssatz / Verständnis äußern
Vielen Dank für Ihre E-Mail vom …
Wir verstehen, dass Sie verärgert sind.
Wir bedauern sehr, dass …
Ihr Anliegen ist uns sehr wichtig.

2 Problem des Kunden darstellen
Sie sind unzufrieden mit …
Sie fragen nach den Gründen, warum …
Sie sind verärgert über …

3 Gründe darstellen / sich entschuldigen
Leider …
Bedauerlicherweise …
Bitte entschuldigen Sie, dass …

4 Weiteres Vorgehen erklären / Lösung anbieten
Wir bemühen uns, dass …
Wir hoffen, dass Sie mit unserem Vorschlag einverstanden sind.
Wir bitten Sie …
Wir brauchen noch folgende Angaben: …

5 Informationen zur Arbeitszeit verstehen

a Lesen Sie die Mitteilung. Wie lange müssen die Mitarbeiter/innen Pause machen?

An alle Mitarbeiterinnen und Mitarbeiter der Firma EssExpress

Eintrag von Pausenzeiten in den Anwesenheitsbogen

Da es in der Vergangenheit wiederholt zu Nachfragen gekommen ist, informiert dieses Rundschreiben Sie noch einmal über die Pausenregelung zur flexiblen Arbeitszeit.

Die Pausenzeiten richten sich nach den Erfordernissen des Betriebs unter Beachtung des Arbeitszeitgesetzes.

Nach den bestehenden gesetzlichen Regelungen ist die Arbeit durch Pausen von mindestens 30 Minuten bei einer Arbeitszeit von 6 bis 9 Stunden und 45 Minuten bei einer Arbeitszeit von mehr als 9 Stunden insgesamt zu unterbrechen. Die Pausen können in Zeitabschnitte von jeweils mindestens 15 Minuten aufgeteilt werden. Länger als 6 Stunden darf ohne Pause nicht gearbeitet werden.

Als Arbeitszeit in diesem Zusammenhang ist die Zeit vom Beginn bis zum Ende der Arbeit ohne die Ruhepausen zu zählen.
Hier ein Beispiel: Ein Mitarbeiter beginnt den Dienst um 08:00 Uhr und beendet ihn um 18:00 Uhr. Die Anwesenheitszeit beträgt somit 10 Stunden. Die Arbeitszeit muss 45 Minuten lang unterbrochen werden.
Bitte beachten Sie diese Pausenregelung beim Ausfüllen Ihrer Anwesenheitsbögen.

Mit freundlichen Grüßen
Personalabteilung

b Lesen Sie noch einmal den Text über die Pausenregelung und die Situationen 1–3. Wer macht etwas falsch? Warum?

1. Roberto hat Spätschicht in der Großküche. Er beginnt den Dienst um 17 Uhr und beendet ihn um 1 Uhr. Um 23 Uhr macht er eine Pause von 30 Minuten.
2. Anna arbeitet bei EssExpress im Büro. Sie beginnt den Dienst um 7:30 Uhr und beendet ihn um 16 Uhr. Um 14 Uhr trinkt sie zusammen mit einer Kollegin schnell eine Tasse Kaffee.

3. Ute Roth füllt ihren Anwesenheitsbogen so aus:

Anwesenheitsbogen					
	Arbeitszeit		Pause	tägl. Arbeitszeit ohne Pause	Wochen-Ist-Arbeitszeit
	Beginn	Ende	Minuten	Stunden, Minuten	Stunden, Minuten
01.04. Sonntag					
02.04. Montag	07:30	17:00	45	08:45	
03.04. Dienstag	07:30	16:00	45	07:45	
04.04. Mittwoch	07:30	16:15	45	08:15	
05.04. Donnerstag	07:30	17:00	45	08:45	
06.04. Freitag	07:30	16:00	45	07:45	41:25:00

c Wie sind Ihre Erfahrungen? Was ist Ihnen wichtig? Wann möchten oder müssen Sie arbeiten? Wie lange dürfen oder möchten Sie Pause machen?

Ich fange gern früh an.

Ich brauche immer eine lange Pause, mindestens eine halbe Stunde.

Ich arbeite von … bis … Wenn viel los ist, kann ich manchmal keine Pause machen.

Ich arbeite oft zehn Stunden und habe nur … Minuten Pause.

6 Schichten planen

⊙ 10 **a Hören Sie. Worüber sprechen die Personen? Wo arbeiten sie?**

Anja Bukowski

Uwe Rade

Fatma Gündüz

Halina Kamberow

Micha Schneider

b Wer arbeitet wann? Wer übernimmt welchen Bereich? Hören Sie noch einmal und ergänzen Sie die Namen.

	Tresen	Innenbereich	Biergarten
Montag			
Dienstag	Micha (abends)		
Mittwoch			
Donnerstag			
Freitag			

c Ordnen Sie im Dialog die Antworten a–d zu. Lesen Sie dann zu zweit.

Chefin: Also, den Schichtplan für nächste Woche habt ihr ja schon erhalten. Gibt es irgendwelche Änderungswünsche?

Uwe: 1. _____

Chefin: Hm. Wer kann denn Uwes Schicht übernehmen?

Micha: 2. _____

Chefin: Okay, Micha, dann machst du am Dienstagabend den Tresen. Sonst noch Änderungen?

Halina: 3. _____

Chefin: Gut, Halina, dann arbeitest du am Mittwoch am Tresen, Uwe übernimmt den Innenbereich und Micha den Biergarten. Anja übernimmt dann am Donnerstag den Tresen. Alles andere bleibt wie im Plan: Fatma macht den Innenbereich und Micha wieder den Biergarten.

Fatma: 4. _____

Chefin: Moment, ich schaue mal nach: Also, laut Plan bist du am Montag am Tresen …

a) Anja und ich möchten Schichten tauschen.
b) Ja, also, ich möchte meine Schicht am Dienstagabend abgeben.
c) Am Dienstagabend habe ich Zeit. Kann ich gern übernehmen.
d) Bin ich am Montag eigentlich am Tresen oder muss ich kellnern?

d Welche Arbeitsstellen mit Schichtdienst kennen Sie? Sammeln Sie.

e Sie müssen für eine der Arbeitsstellen aus 6d für eine Woche die Schichten planen. Machen Sie Notizen und spielen Sie dann eine Teambesprechung.

> Montag: vormittags Arzttermin
> Dienstag: kann ich …

7 Vorschriften verstehen

a Lesen Sie den Text und beantworten Sie die Fragen.

S + O = ProMiS

Durch Sauberkeit und Ordnung steigen die Produktqualität, die Mitarbeiterzufriedenheit und die Sicherheit im Unternehmen. Wenn Sauberkeit und Ordnung zur täglichen Routine gehören, ist es nicht schwer, diese Ziele zu erreichen. Zur sichtbaren Ordnung eines Betriebes gehören alle Dinge, die man im Arbeitsalltag sehen kann – sowohl als Mitarbeiter als auch als Kunde.

1. Was bedeutet die Formel S + O = ProMiS?
2. Welchen Effekt haben S + O in einem Betrieb?
3. Wie sind S + O einfach zu erreichen?
4. Was gehört zur „sichtbaren Ordnung"?

b Lesen Sie die Tipps. Für welche Berufsbereiche sind sie wichtig und warum?

Regelmäßig die Hände waschen!

Tragen Sie immer einen Schutzhelm!

Das Tragen einer passenden Kopfbedeckung ist Pflicht!

Werkzeuge bitte immer nach der Benutzung aufräumen!

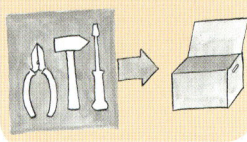

Studieren Sie den Fluchtwegeplan in Ihrem Betrieb genau!

Tragen Sie während der Arbeit immer Arbeitshandschuhe!

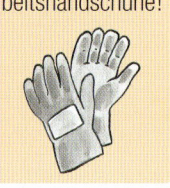

Achten Sie auf die Pausenregelungen!

Das Trinken von Alkohol während der Arbeitszeit ist verboten!

Benutzen Sie nur Maschinen, die Sie genau kennen!

Kaputte Geräte sind sofort dem Vorgesetzten zu melden!

Sicherheitskleidung ist Pflicht!

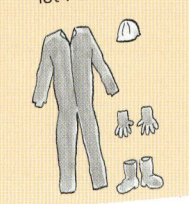

Das Rauchen am Arbeitsplatz ist verboten!

Regelmäßig Hände waschen ist überall wichtig, aber besonders, wenn man mit Lebensmitteln oder im Krankenhaus arbeitet.

c Kennen Sie noch andere Vorschriften am Arbeitsplatz? Sammeln Sie im Kurs.

d Haben Sie Erfahrungen mit solchen Vorschriften? Erzählen Sie.

Ich arbeite in einer Küche. Da ist es oft schwierig, Pausen zu machen. Manchmal arbeite ich fünf Stunden ohne Pause.

Früher habe ich mal in einer Fahrradfabrik gearbeitet. Da hatten wir keine Arbeitshandschuhe und ich habe mich an der Hand verletzt.

8 Arbeitsschutzunterweisungen verstehen

a Lesen Sie das Formular und klären Sie gemeinsam Wörter, die Sie nicht verstehen.

⊙ 11 b Hören Sie das Gespräch. Markieren Sie die Informationen, die besprochen wurden, im Formular. Vergleichen Sie im Kurs.

Arbeitsschutzunterweisung für neue Mitarbeiter/innen

Datum:	Name:	
Thema		Erledigt
1. Allgemeine Informationen und Rundgang durch den Betrieb, Vorstellung von Kollegen		
2. Erklärung: Warum ist Arbeitsschutz für den Betrieb wichtig? Was wird dafür getan?		
3. Vorstellung der Ansprechpartner/innen für den Arbeitsschutz: Ersthelfer/in, ggf. Sicherheitsbeauftragte/r, Betriebsrat/Personalrat		
4. Wer ist Fachkraft für Arbeitssicherheit, Betriebsarzt/-ärztin?		
5. Erklärung von Gebots-/Verbotsregeln und Gebots-/Verbotskennzeichen		
6. Erklärung, was von den Mitarbeitern/innen im Bereich Arbeitsschutz erwartet wird und wie jeder dazu beitragen kann		
7. Erläuterung der Meldepflicht von Arbeitsunfällen und berufsbedingten Erkrankungen		
8. Meldung von Gefahren, Notfallmeldung, Notrufnummern		
9. Möglichkeiten, sich zu informieren, welche Vorschriften gelten und wo der Mitarbeiter sie findet		
10. Erklärung des Arbeitsplatzes und der Verhaltensregeln für den Arbeitsbereich		
11. Fluchtplan, Notausgänge, Rettungswege, Feuerlöschgeräte		
12. Ausgabe von persönlicher Schutzausrüstung und Hinweis, wie man sie benutzen muss		
13. Erklärung der Gefahren, die am Arbeitsplatz auftreten können und wie man sich schützen kann		
14. Fragen des Mitarbeiters / der Mitarbeiterin		
15. Unterschrift des Mitarbeiters		

c Hören Sie noch einmal. Welche Informationen sind richtig, welche falsch?

	R	F
1. Frau Jon wird in einem Betrieb arbeiten, der Lebensmittel herstellt.	☐	☐
2. Man muss alle Vorschriften auswendig können.	☐	☐
3. Die Regeln sind wichtig, weil alle davon profitieren.	☐	☐
4. Man muss Krankheiten melden, wenn man längere Zeit nicht arbeiten kann.	☐	☐
5. Die Fluchtwege und Notausgänge können die Kollegen erklären.	☐	☐
6. Die Arbeitskleidung muss man bei der Arbeit immer tragen.	☐	☐
7. Wie die Maschine funktioniert, findet man ganz leicht selbst heraus.	☐	☐
8. Wenn man einen Unfall hat, ruft man sofort seinen Hausarzt an.	☐	☐

d Welche Arbeitsschutzmaßnahmen kennen Sie? Machen Sie Notizen und tauschen Sie Informationen im Kurs aus.

9 Smalltalk im Betrieb

a Lesen Sie die Tipps und bewerten Sie sie von 5 (sehr wichtig) bis 1 (nicht so wichtig).

1 ☐ Machen Sie den Anfang

Zuerst brauchen Sie etwas Mut, aber Sie werden jedes Mal sicherer. Und mit mehr Sicherheit brauchen Sie nur noch Übung, Übung, Übung

2 ☐ Lächeln Sie ☺

Nichts ist besser, um ein Gespräch zu beginnen, denn: „Der kürzeste Weg zwischen zwei Menschen ist ein Lächeln."

3 ☐ Keine Angst vor dem Unwichtigen und Alltäglichen

Manche haben Angst, über etwas Unwichtiges zu sprechen. Aber genau diese Dinge sind für den Gesprächsbeginn besonders gut: „Tolles Wetter heute!"

4 ☐ Smalltalk-Themen

Die besten Themen sind solche
☞ über die Situation, in der sich beide Gesprächspartner befinden
☞ über den Ort, an dem sie sich befinden
☞ über die andere Person (Interesse zeigen, Fragen stellen)
☞ über sich selbst („Ich treibe auch regelmäßig Sport.")

5 ☐ Tabu-Themen

Diese Themen sollten Sie nicht ansprechen, wenn Sie Ihr Gegenüber nicht sehr gut kennen: Religion, Politik, finanzielle Situation, persönliche Probleme, Tratsch, Gerüchte.

6 ☐ Zeigen Sie Interesse

Ihr Interesse an Ihrem Gesprächspartner / Ihrer Gesprächspartnerin zeigen Sie am besten, wenn Sie aufmerksam zuhören und Fragen stellen.

7 ☐ Stellen Sie offene Fragen

Stellen Sie Fragen, auf die man nicht nur mit Ja oder Nein antworten kann. Offene Fragen halten ein Gespräch am Laufen.

8 ☐ Finden Sie Gemeinsamkeiten

Wenn Sie Gemeinsamkeiten finden, dann kommt der Smalltalk richtig in Fahrt.

9 ☐ Bleiben Sie ehrlich und authentisch

Wenn man vorgibt, etwas zu sein, was man nicht ist, dann merkt das der andere meistens sehr schnell. Das ist die Katastrophe für das Gespräch und die Beziehung.

10 ☐ Kontrollieren Sie sich

Fragen Sie sich immer, bevor Sie etwas sagen: „Wie wird das, was ich sage, wirken?" Danach: „Wie hat es gewirkt?" und „Was kann ich besser machen?"

Nicht vergessen:
Üben und nochmals üben,
nutzen Sie jede Gelegenheit:
in der Kantine, Kaffeeküche,
beim Einkaufen, im Warte-
zimmer beim Arzt, in der
Eisenbahn, in einem Café,
wenn Sie etwas bestellen …

b Sprechen Sie über Ihre Bewertungen.

c Was kennen Sie genauso? Was ist in Ihrem Umfeld anders? Worüber spricht man in Ihrem Heimatland mit Arbeitskollegen und worüber nicht?

10 Kantinengespräche führen

12–13   **a Hören Sie die Dialoge. Welcher Smalltalk läuft gut, welcher nicht? Was sind die Unterschiede?**

b Arbeiten Sie zu dritt. Ändern Sie zuerst den Dialog, der nicht gut gelaufen ist. Sprechen Sie dann die Dialoge laut. Wechseln Sie mehrmals den Partner / die Partnerin. Die dritte Person achtet immer auf den Ton und die Mimik.

● Darf ich mich zu Ihnen setzen?
○ Klar, der Stuhl ist noch frei.
● Guten Appetit.
○ Danke gleichfalls.
● Ich heiße Tina Trabe.
○ Hallo. Simone Buck.
● Schön, dass es endlich mal warm ist.
○ Ja, das wurde auch Zeit. Sind Sie neu hier?
● Ja, ich habe gestern angefangen. In welcher Abteilung arbeiten Sie?
○ In der Lebensmittelabteilung, zurzeit beim Gemüse.
● Ich arbeite bei der Damenmode.
○ Schon lange?
● Fast zwei Jahre. Woher kommen Sie?
○ Aus Polen.
● Sie sprechen aber gut Deutsch.
○ Na ja – danke – aber ich lerne noch. Ich hoffe, es wird irgendwann besser.

● Darf ich mich zu Ihnen setzen?
○ Klar, der Stuhl ist noch frei.
● Arbeiten Sie schon lange hier?
○ Äh, ja – fast zwei Jahre.
● Ich bin nämlich neu hier. Ich arbeite in der Lebensmittelabteilung.
○ Ah, da kennen Sie sicher Frau Tetzlaff?
● Ja, klar. Haben Sie schon gehört, dass ihr Freund Sie verlassen hat?
○ Mmm.
● Haben Sie Kinder?
○ Ich habe zwei.

Wendet sich einer Vorbeigehenden zu.
● … Ach, Frau Gattner. Haben Sie einen Moment Zeit? Ich müsste Sie was fragen.

Zur Gesprächspartnerin
● Entschuldigen Sie, aber ich muss gehen.
○ Aber Sie haben doch noch …

c Die Smalltalk-Produktionsmaschine – Lesen Sie die Redemittel und ergänzen Sie eigene Ideen.

Einleitungen	Reaktion
Wieder ganz schön kalt/heiß heute.	Ja, hoffentlich wird es bald mal wieder wärmer/kühler.
Arbeiten Sie auch hier?	Ja, ich bin in der … Abteilung.
Darf ich Sie mal was fragen: …?	Ja, ich bin auch ganz überrascht, sonst …
Ist ja ziemlich gut heute, das Essen.	Ja, viel trinken ist gut, aber ich trinke meistens Tee.
Um diese Zeit brauche ich immer einen Kaffee, Sie auch?	…
Haben Sie schon den neuen Film von …?	
…	

d Üben Sie Smalltalk-Gespräche: Wetter, Urlaub, Kino, Betriebsausflug …

Nützliche Wörter und Ausdrücke

a Schreiben Sie in Ihrer Sprache.

Termine vereinbaren/reservieren

Haben Sie … einen Tisch / ein Zimmer frei?

Ja, da haben wir noch …

Nein, da habe ich leider nichts mehr frei.

Würde es auch … gehen?

Da geht es bei uns leider nicht. Wie wäre es mit …?

Auf Beschwerden reagieren

Oh, das tut mir leid …

Bedauerlicherweise … / Leider …

Wir bedauern sehr, dass …

Wir bitten um Ihr Verständnis.

Wir verstehen, dass Sie verärgert sind.

Ihr Anliegen ist uns sehr wichtig.

Ich kümmere mich sofort darum.

Selbstverständlich, wie Sie wünschen.

Das soll nicht wieder vorkommen.

Schichten planen

Ich kann am Dienstag nicht arbeiten, weil …

Wer kann meine Schicht am Samstag übernehmen?

Ich möchte gerne meine Schicht tauschen.

Ich kann gerne die Frühschicht/Spätschicht übernehmen.

Bin ich am Montag für … eingeteilt?

Welche Schicht habe ich am Freitag?

b Weitere wichtige Ausdrücke und Sätze für Ihren Job – Schreiben Sie.

Deutsch

Ihre Sprache

c Nomen und Verben: Wie heißen die passenden Verben? Notieren Sie weitere Beispiele.

die Erklärung	*erklären*		
die Bedienung			
die Vorstellung			
die Unterweisung			
die Planung			

> **INFO** In Fachtexten benutzt man häufig Nomen statt Verben.

d Sehen Sie sich das Beispiel an. Sammeln Sie dann Wortschatz für ein Berufsfeld, das Sie kennen. Arbeiten Sie mit dem Wörterbuch.

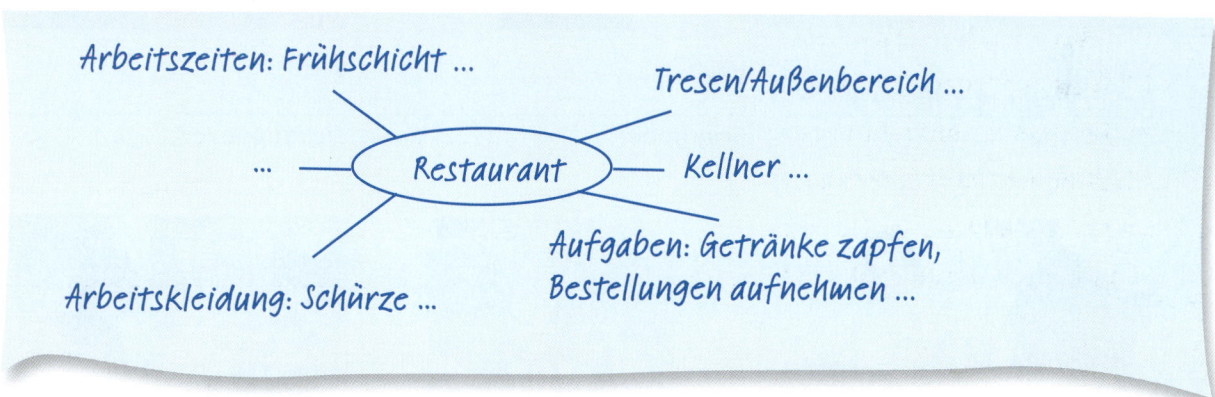

> **TIPP** Lernen Sie Wortschatz nach Themenfeldern. Wählen Sie ein Thema aus Ihrem Berufsalltag, z. B. Sicherheit, Beschwerden oder Arbeitszeit und sammeln Sie passende Wörter und Redemittel. Schreiben Sie Lernkarten.

Vorderseite

Rückseite

BESCHWERDE

Ich warte jetzt schon 40 Minuten auf die Vorspeise!

REAKTION

Entschuldigung! Ich frage gleich in der Küche nach.

Wir hatten ein Problem in der Küche, aber Ihre Vorspeise kommt jetzt gleich.

Arbeit im Team

1 Über die eigene Einstellung sprechen

a Kennen Sie ähnliche Sprichwörter zu „Menschen"
in Ihrer Sprache? Sammeln Sie im Kurs.

b Berufe für und mit Menschen. Ordnen Sie
die Berufe und Zielgruppen den Fotos zu.

He aha te mea nui?
He tangata. He tangata. He tangata.
Was ist das Wichtigste?
Es sind die Menschen, die Menschen,
die Menschen.
MANQH, NDTRDDKaMC

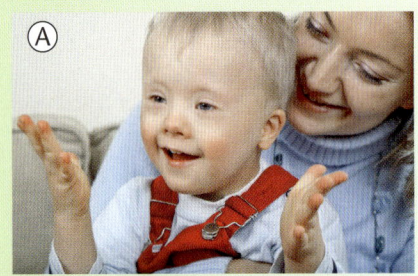

Beruf:
Heilerziehungspflegerin
Zielgruppe:
Menschen mit Behinderungen

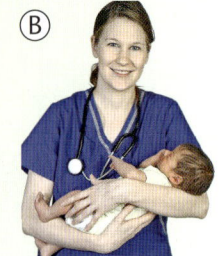

Beruf:

Zielgruppe:

Beruf:

Zielgruppe:

Beruf:

Zielgruppe:

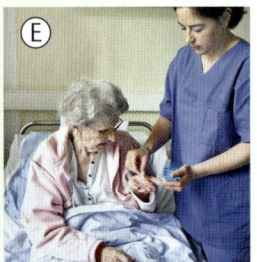

Beruf:

Zielgruppe:

Beruf:

Zielgruppe:

Berufe: Altenpfleger/in • Arzthelfer/in • Erzieher/in • ~~Heilerziehungspfleger/in~~ • Psychotherapeut/in
• Hebamme/Entbindungspfleger

Zielgruppen: Kranke • Senioren • Kinder im Vorschulalter • Schwangere / werdende Väter / Babys •
Menschen mit psychischen Problemen • ~~Menschen mit Behinderungen~~

⊙ 14–16   **c** Hören Sie Aussagen zu drei Berufen. Wählen Sie einen Beruf und notieren Sie: Was genau macht
man in diesem Beruf? Was gefällt der Person an ihrem Beruf?

d Arbeiten Sie gerne mit Menschen? Warum (nicht)? Sprechen Sie im Kurs.

Ich kümmere mich gerne um Menschen, weil …
Ich arbeite gerne mit Menschen zusammen.
Das finde ich bereichernd/interessant, da …
In einem Team kann ich am besten arbeiten, da …
An der Arbeit mit Kindern / alten Menschen /
behinderten Menschen gefällt mir, dass …

Ich arbeite lieber alleine, weil ich …
Mit anderen zu arbeiten finde ich …
Mit … kann ich nicht arbeiten, weil …
Einen Beruf, in dem man dauernd mit
Menschen arbeitet, kann ich mir für
mich nicht vorstellen, weil …

2 Neu im Team

a Schauen Sie sich das Bild an. Das ist Ihr neues Team. Versuchen Sie, sich in 30 Sekunden möglichst viele Namen zu merken. Decken Sie die Namen unter dem Foto zu. Wer heißt wie?

b Lesen Sie die Tipps 1–7 und ordnen Sie die passenden Äußerungen a–g zu.

von links: *Deniz Özer, Ljudmila Ossipowa, Wambui Apraku, Ruth Klengel, Nils Sörensen*

Tipps für die erste Zeit

Die ersten 100 Tage sind entscheidend für die Arbeit im neuen Team. Gibt es feste Regeln, wie man sich verhalten soll? Nein. Aber es gibt Verhaltensweisen, die sich bewährt haben:
1. Lernen Sie möglichst schnell die Namen der Kolleginnen und Kollegen.
2. Zeigen Sie Interesse an Ihren Kollegen und deren Arbeit. Und fragen Sie, so viel Sie wollen.
3. Beobachten Sie: Wer wird im Team geduzt oder gesiezt? Fragen Sie nach.
4. Äußern Sie am Anfang Kritik nur im Zusammenhang mit Lob für etwas, das gut läuft.
5. Zeigen Sie Ihre Hilfsbereitschaft.
6. Viele Konflikte ergeben sich durch Äußerlichkeiten. Wenn Sie das Gefühl haben, dass es Probleme gibt, sprechen Sie das in einem Gespräch zu zweit offen an.
7. Geben Sie nach einiger Zeit im neuen Team einen Einstand. Fragen Sie nach, was dabei üblich ist.

Äußerungen

a) Ich würde gerne bald meinen Einstand geben. Was ist hier üblich?
b) Entschuldigen Sie bitte, wie war noch mal Ihr Name?
c) Kann ich Ihnen helfen?
d) Ich habe noch nicht genau verstanden, wie das geht. Könnten Sie mir noch mal erklären, wie Sie das machen?
e) Alle duzen sich. Ist das Du hier normal? Aber die Stationsleitung wird gesiezt, oder?
f) Darf ich Ihnen eine Frage stellen? Ich habe das Gefühl, dass ich noch nicht richtig im Team integriert bin. Gibt es etwas, das ich anders machen sollte?
g) Ich finde es wirklich sehr schön, wie freundlich die Kollegen zu den Patienten sind, obwohl alle sehr viel zu tun haben.

c Schreiben Sie eigene Fragen in Stichpunkten auf Kärtchen. Tauschen Sie die Kärtchen. Spielen Sie dann Dialoge wie im Beispiel.

Wie viele Patienten?

Darf ich Ihnen noch eine Frage stellen?

Wie viele Patienten gibt es auf der Station?

Danke.

Ja, was möchten Sie wissen?

Zurzeit sind es 15 Patienten, zwei werden aber morgen oder übermorgen entlassen.

Gern geschehen.

d Waren Sie schon einmal neu in einem Team? Was haben Sie erlebt? Was war gut, was war schwierig? Was würden Sie heute anders machen?

3 Ein Teamgespräch führen

🔘 17   **a** Hören Sie den Anfang eines Teamgesprächs und notieren Sie die Tagesordnungspunkte (TOPs).

> TOP 1: Anmerkungen zum letzten Protokoll
> TOP 2: ...

🔘 18   **b** Hören Sie das ganze Teamgespräch. Notieren Sie zu jedem TOP in Stichpunkten die Ergebnisse. Vergleichen Sie im Kurs und ergänzen Sie Ihre Notizen.

     c Wie signalisiert man, dass man aufmerksam zuhört oder dass man etwas sagen möchte? Wie kann man um Meinungsäußerungen bitten? Ordnen Sie die Redemittel in die Tabelle.

~~Darf ich dazu gleich was sagen?~~ • Ich habe zu diesem Punkt noch etwas. • Ich sehe das anders. Ich finde, dass ... • Ja, genau. • Was meint ihr dazu? • ~~Mhm.~~ • Stimmt. • Ich würde zu diesem Thema gerne noch andere Meinungen hören. • Aha. • Jetzt bin ich aber mal dran. • Echt? • Ich wollte nur berichten, dass ... • Wirklich? • ~~Wie seht ihr das?~~ • Ich sehe da folgendes Problem: ... • Schon? • Kann ich zu ... noch mal was fragen? • Ah ja. • Wer möchte dazu noch etwas sagen? • Das ist aber interessant! • Sag das noch mal!

Ich höre aufmerksam zu.	Ich möchte etwas sagen.	Ich möchte Meinungen hören.
Mhm.	Darf ich dazu gleich was sagen?	Wie seht ihr das?

     d Spielen Sie in Gruppen ein Teamgespräch zum TOP Urlaubsplanung. Verwenden Sie dabei möglichst viele Redemittel aus der Tabelle.

A Sie haben zwei schulpflichtige Kinder. Deshalb möchten Sie in den Sommerferien drei Wochen frei haben.

C Sie sind Aushilfe, haben keine Familie und sind zeitlich ganz flexibel.

B Sie leiten die Abteilung und brauchen unbedingt jemanden, der die ganzen Sommerferien durcharbeiten kann.

D Sie möchten im Sommer vier Wochen Urlaub haben, um mit ihrer Familie eine Rundreise in den USA zu machen.

4 Mit Patienten sprechen

a Lesen Sie die Frage aus dem Internetforum. Was würden Sie Sandy antworten?

■ 26.02.2012 14:38

Sandy ○
Neuer Benutzer
Registriert seit: 24.02.2012
Beiträge: 2

+Antworten

Gespräche mit Patienten

Hallihallo, ich mach' bald ein Praktikum und freu mich sehr drauf. Ich weiß nur überhaupt nicht, über was ich mit den Patienten reden soll. Es ist doch komisch, mit einem Patienten beim Waschen über seine Familie oder seinen Beruf zu reden. Wie macht ihr das? Könnt ihr mir vielleicht ein paar Tipps geben?
Liebe Grüße Sandy

---

b Lesen Sie Gülüms Antwort. Welchen Tipp finden Sie besonders wichtig? Warum?

■ 01.03.2012 23:53

Gülüm ○
Benutzer
Registriert seit: 06.10.2011
Beiträge: 31

+Antworten

Hallo Sandy, das Patientengespräch ist bei der Pflege sehr wichtig! Es geht darum, dass du auf die Gefühls- und Stimmungslage des Patienten eingehst. Du kannst zum Beispiel danach fragen, wie die Nacht war, wie sich der Patient fühlt, ob er gut geschlafen hat. ... Oder du fragst, ob er Schmerzen hat oder ob vielleicht jemand zu Besuch kommt. Du solltest niemals kritisch oder abwertend sein. Versuch' auch nicht, den anderen zu verbessern oder mit dem moralischen Zeigefinger zu kommen. Du solltest den anderen nicht unterbrechen und vor allen Dingen nicht deine eigenen Sorgen ausbreiten. Auch Duzen ist nur erlaubt, wenn der Patient ein persönlicher Bekannter oder Verwandter ist. Was gar nicht geht, ist die Anrede Oma oder Opa. Und weißt du, was ich ganz schlimm finde? Wenn man in der Wir-Form spricht: „Ja, was haben wir denn da?" Und übrigens: Auch wenn ältere Menschen oft schwerhörig sind, muss man sie nicht gleich alle anbrüllen.
Liebe Grüße, Gülüm

⊙ 19–20 **c Sie hören zwei Gespräche. Wie gehen die Pflegekräfte mit den Patienten um?**

⊙ 20 **d Hören Sie das zweite Gespräch noch einmal. Was kann die Pflegekraft verbessern?**

e Ordnen Sie die Antworten der Patientin zu und spielen Sie den Dialog im Kurs vor.

Pflegerin
1. Guten Morgen, Frau Müller. Na, gut geschlafen?
2. Okay, das mache ich. Aber möchten Sie nicht doch etwas frühstücken?
3. Möchten Sie vielleicht Wasser?
4. Kann ich sonst etwas für Sie tun?
5. Wer kommt denn? Jemand aus Ihrer Familie?
6. Wollen Sie mir mehr darüber erzählen?
7. Ja, das kann ich gut verstehen. Das ist nicht einfach für Sie.
8. Ich muss jetzt weiter. Aber ich schaue nachher noch mal vorbei. Bis später!

Patientin
a) Meine Tochter. Ich mache mir solche Sorgen um sie.
b) Bis später!
c) Morgen! Bitte gehen Sie. Ich fühle mich nicht wohl.
d) Sie mag nicht, dass ich mir Sorgen mache. Das ist wirklich schwierig.
e) Ich will nichts essen.
f) Können Sie mir heute mit den Haaren helfen? Ich bekomme Besuch.
g) Gut, dass ich mit Ihnen sprechen konnte. Jetzt fühle ich mich schon besser.
h) Ja, Wasser nehme ich.

f Was muss man bei Kundengesprächen in anderen Arbeitsbereichen beachten? Sammeln Sie.

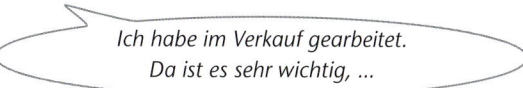

Ich habe im Verkauf gearbeitet.
Da ist es sehr wichtig, ...

5 Konfliktgespräche führen

21 **a** **Hören Sie das Gespräch. Welche Probleme gibt es?**

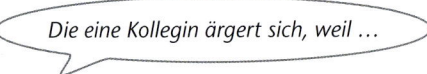

Die eine Kollegin ärgert sich, weil …

22 **b** **Es geht auch anders! Hören Sie. Lesen Sie dann die Tipps 1–6 und die Sätze A–E. Ordnen Sie zu. Manche Sätze passen auch zu zwei Tipps. Zu einem Tipp passt kein Satz.**

Richtig streiten kann man lernen.

1. *Hören Sie sich gegenseitig gut zu und lassen Sie sich ausreden.*
2. *Nennen Sie konkrete Beispiele, urteilen Sie nicht pauschal.*
3. *Ich-Botschaften wirken positiver als Du-Botschaften.*
4. *Beschreiben Sie, wie etwas auf Sie wirkt, vermeiden Sie Bewertungen.*
5. *Versuchen Sie, die Perspektive zu wechseln und sich auch in die Lage Ihres Gegenübers zu versetzen.*
6. *Suchen Sie einen Kompromiss, mit dem beide gut leben können.*

A Was war denn heute los, warum kommst du eine halbe Stunde zu spät? Gestern und vorgestern warst du auch nicht pünktlich, oder? __2__

B Ich kann verstehen, dass es für dich morgens nicht einfach ist, weil du so weit weg wohnst. _____

C Aber ich ärgere mich, wenn du zu spät kommst, weil es für mich wirklich stressig ist, morgens hier mit zwanzig Kindern allein zu sein. _____

D Ja, das verstehe ich. _____

E Ich rede mal mit meinem Mann, ob ich morgen das Auto haben kann, dann schaffe ich es bestimmt, pünktlich zu kommen. _____

23 **c** **Spielen Sie ein Konfliktgespräch in einer Physiotherapiepraxis. Hören Sie anschließend das Gespräch zwischen Achim und Stella zum Vergleich.**

> Sie sind Physiotherapeut/in und sind öfters nach Ihrer Kollegin / Ihrem Kollegen in einem Behandlungszimmer. Ihr Kollege hat schon ein paar Mal das Behandlungszimmer nicht aufgeräumt. Sprechen Sie ihn deshalb an.

> Sie sind Physiotherapeut/in. Ihre Kollegin / Ihr Kollege wirft Ihnen vor, dass Sie das Behandlungszimmer nicht aufgeräumt haben. Ihnen ist Ihre Unordnung noch nie aufgefallen. Reagieren Sie.

d **Welche Konflikte sind in Ihrem Beruf typisch? Spielen Sie zu zweit.**

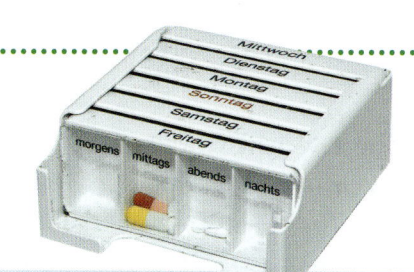

6 Checklisten und Pläne erstellen

a Lesen Sie den Medikamentationsplan und klären Sie
die Begriffe und Abkürzungen im Kurs.

Name: _____

Datum Verordnung	Hdz. Arzt	Medikament / Applikation	f	m	a	n	Datum Absetzung	Hdz. Arzt
13.10.	RoD	Dingsdalan / 3 x tägl. 1 Kapsel	x	X	x		—	RoD

b Lesen Sie, was die Ärzte verordnet haben. Wählen Sie ein Beispiel und erstellen Sie den
Medikamentationsplan für den Patienten / die Patientin.

Laut ärztlicher Anweisung vom 30.12. muss Frau Schwemmler eine Woche lang zu den Mahlzeiten (3x täglich) jeweils eine Kapsel Dingsdalan einnehmen. Außerdem soll sie alle zwei Stunden eine Tablette Sowieplus langsam im Mund zergehen lassen.

Herr Antropov muss nach einem Krankenhausaufenthalt regelmäßig Happyzin nehmen, und zwar in einer Dosis von 30 Tropfen drei Mal täglich auf einem Würfel Zucker. Das Rezept wurde am 11.04. ausgestellt.

Ihre Ärztin hat am 23.02. Frau Dogan Primazol verschrieben, das sie drei Wochen lang morgens nüchtern einnehmen soll. Zusätzlich nimmt sie vor dem Zubettgehen Besserdorm, ein leichtes Schlafmittel, mit ein bisschen Flüssigkeit.

c Kennen Sie solche Pläne
(z. B. Materialchecklisten,
Packlisten, Arbeitspläne)
aus anderen Arbeitsbereichen?
Welche Informationen
enthalten sie? Sie können
auch eine Skizze machen.
Stellen Sie den Plan im
Kurs vor.

MONTAGENACHWEIS

Montage-Nr.: _____

Name: _____   Pers.-Nr.: _____

Kunde: _____

Ort: _____   Land: _____

Wochen-tag	Datum	Arbeitszeit	Pausen	Feier-tag	Tätigkeit	Bemer-kungen

Datum Unterschrift Monteur _____

*Ich arbeite auf der Montage. Bei uns gibt es zum Beispiel
Stundenzettel. Da müssen wir eintragen, wann
wir gearbeitet haben und was wir gemacht haben.*

7 Einen Bericht schreiben

a Lesen Sie noch einmal das Gespräch von Seite 19 und ordnen Sie dann die Eintragungen in den Pflegebericht ein.

a) Pat. äußert Dankbarkeit, mit jdm. über die Probleme reden zu können.
b) 10 min. Gespräch geführt. Thema: Sorgen der Pat. um ihre Tochter.
c) Handzeichen: *PL*
d) Pat. äußert, dass sie sich nicht wohl fühlt.

	Pflegebericht:	_____
	Wann?	Datum: *20.3.2012 / Uhrzeit 8:30*
	Wer?	1. _____ *PL*

2. Zustand der Patientin	**3. Pflegemaßnahme**	**4. Ergebnis**
Was ist los?	Was haben Sie wie, wo und warum gemacht?	Was war das Resultat der Pflegemaßnahme?

b Welche Aussagen sind genauer? Kreuzen Sie an.

1. Pat. hatte schnellen Puls. ☐
2. Pat. hatte um 10:30 Uhr 38,5 °C Fieber. ☐
3. Pat. hat gut getrunken. ☐
4. Pat. äußert insgesamt sechs Mal, dass sie Kopfschmerzen hat. ☐
5. Pat. konnte sich nicht allein waschen, hat aber selbstständig die Zähne geputzt. ☐

a) Der Puls der Pat. war 120. ☒
b) Pat. hatte am Vormittag hohes Fieber. ☐
c) Pat. hat 250 ml Saft getrunken. ☐
d) Pat. jammert viel. ☐
e) Pat. benötigt viel Hilfe bei der Körperpflege. ☐

> **TIPP** Arbeiten Sie mit W-Fragen. Vermeiden Sie ungenaue Aussagen.

c Ordnen Sie den Bewertungen die passenden Beschreibungen zu.

1. Pat. klingelte oft – das nervt!
2. Pat. war total glücklich.
3. Pat. war unheimlich aggressiv und beschimpfte mich.
4. Pat. war komplett durcheinander.
5. Pat. verließ beim Waschen 4 Mal das Bad und ging in der Wohnung umher.

a) Pat. warf ein Glas nach mir und schrie: „Hau ab!"
b) Pat. war sehr unruhig.
c) Pat. fragte fünf Mal, wo er ist, und fragte ca. zehn Mal nach meinem Namen.
d) Pat. klingelte zwischen 8 und 11 Uhr ca. zwölf Mal.
e) Pat. freute sich auf den Besuch ihrer Tochter.

> **TIPP** Beschreiben Sie nur, bewerten Sie nicht.

d Markieren Sie alles, was keine neuen Informationen enthält.

Beispiel: Bei Pat. liegen überall leere Bierflaschen und Chipstüten herum.
<mark>Totales Chaos.</mark>

1. Pat. schläft fest, TV leiser gestellt (war sehr laut).
2. Pat. hat männlichen Besuch; ein Freund war da.
3. Pat. klagt über Kopfschmerzen und jammert über Müdigkeit.

> **TIPP**   Schreiben Sie so kurz wie möglich und so genau wie nötig.

8 Praktikumsbericht

a Lesen Sie die Informationen zu Arne Schmidt und füllen Sie dann das Deckblatt seines Praktikumsberichts aus.

Arne Schmidt macht gerade eine Ausbildung zum Assistenten für Elektronik und Datentechnik.
Er hat vom 8.–19. August ein zweiwöchiges Praktikum bei der Firma Brillen Huber absolviert. Dort hat er in der EDV-Abteilung gearbeitet. Seine Betreuerin war Frau Pommeranz.

Praktikumsbericht

Name: *Arne Schmidt* _____

Ausbildungsberuf: _____

_____

Praktikum bei: _____

Zeitraum: _____

Abteilung: _____

Betreuer/in: _____

b Was gehört in einen Praktikumsbericht, was nicht? Kreuzen Sie an.

☐ Informationen über den Betrieb
☐ Fotos von den Kollegen
☐ Lebenslauf
☐ Informationen zu den Tätigkeiten im Praktikum
☐ Bezeichnungen der verwendeten EDV-Programme
☐ Privatadressen der Mitarbeiter und Mitarbeiterinnen
☐ Bewertung des Praktikums
☐ Informationen über besondere Erfahrungen

c Haben Sie schon mal einen Praktikumsbericht geschrieben? Erzählen Sie im Kurs.

Ich habe in meiner Heimat eine Ausbildung als Krankenschwester gemacht. Da mussten wir nach dem Praktikum auch einen genauen Bericht schreiben.

Was ein Elektriker können muss, habe ich bei meinem Onkel gelernt. Ich habe keine offizielle Ausbildung gemacht und musste deshalb auch nie einen Praktikumsbericht schreiben.

9 **Ein Gespräch mit dem Betriebsrat führen**

a Schauen Sie sich die Statistik an. Was erfahren Sie über die Arbeitsbedingungen im Pflegebereich?

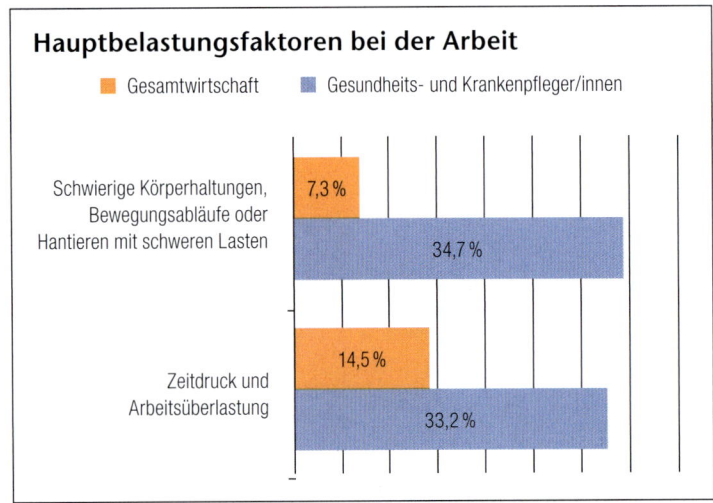

Hauptbelastungsfaktoren bei der Arbeit

■ Gesamtwirtschaft ■ Gesundheits- und Krankenpfleger/innen

Schwierige Körperhaltungen, Bewegungsabläufe oder Hantieren mit schweren Lasten
- 7,3 %
- 34,7 %

Zeitdruck und Arbeitsüberlastung
- 14,5 %
- 33,2 %

Rund 4,4 Millionen Beschäftigte arbeiten im Gesundheitswesen. Davon sind etwa 712 000 Gesundheits- und Krankenpfleger/innen. Die Angaben der Befragten beziehen sich auf die letzten zwölf Monate vor der Befragung.

Die Statistik zeigt die Hauptbelastungsfaktoren bei der Arbeit für …
Die Hauptbelastungsfaktoren sind …
Im Vergleich zur Gesamtwirtschaft ist die Arbeitsbelastung für … viel höher.
Viel mehr Gesundheits- und Krankenpfleger als andere Arbeitnehmer/innen arbeiten …
… Prozent der Befragten sagen, dass …
In der Gesamtwirtschaft sind es nur … Prozent der Menschen, die unter … und … leiden.
In der Gruppe der … leiden … Prozent unter …
Ungefähr ein Drittel aller Gesundheits- und Krankenpfleger/innen sprechen von …

b Lesen Sie die Berichte. Markieren Sie jeweils das Hauptproblem.

Ⓐ Im Pflegeheim, in dem Gerhard Simon arbeitet, ist ==zu wenig Personal== eingestellt, obwohl in den letzten Jahren die Arbeit zugenommen hat. „Immer weniger Leute machen immer mehr", sagt er.

Ⓑ In der Abteilung, in der Ina Blüm arbeitet, gibt es nur einen alten PC für alle Pflegekräfte. „Dabei gibt es heute viel mehr Bürokratie als früher", meint sie. „Da muss die Abteilung doch auch gut ausgestattet sein."

Ⓒ Pjotr Gromov muss oft bei Operationen assistieren, auch wenn er einen anstrengenden Nachtdienst hinter sich hat. Übermüdung ist bei ihm normal. „Aber ich bin dann wirklich nicht mehr einsatzfähig", sagt er.

Ⓓ Schlechte Arbeitsorganisation ist das Thema bei Maxine Maier. „Bei uns herrscht Chaos," klagt sie. „Das liegt sicherlich auch daran, dass unser Pflegedienstleiter in letzter Zeit so oft krank war."

Sprich doch mal mit dem Betriebsrat.
Der kann dir vielleicht helfen.

⊙ 24 c Lesen Sie das Gespräch. Wie beschreibt Herr Simon der Betriebsrätin sein Problem mit der Überlastung?

● Guten Tag, Frau Kessler. Schön, dass Sie sich Zeit genommen haben.
○ Das ist doch selbstverständlich. Sie haben am Telefon gesagt, dass Sie wegen Überlastung mit mir sprechen wollen. Können Sie mir die Situation beschreiben?
● Ja, sicher. Also: Wir haben da ein dickes Problem. Wir arbeiten unter enormem Zeitdruck und können keine Pausen machen. Und vor allem haben wir keine Zeit, uns wirklich um die Leute zu kümmern.
○ Ja, ich höre das auch von anderen Kolleginnen und Kollegen.
● Wir sind so gestresst, dass wirklich mal was schiefgehen kann. Ich will das dann nicht ausbaden.
○ Was meinen Sie, woran liegt es wirklich?
● Hmm, der Grund für unsere Überlastung ist, dass wir zu wenige Leute sind. Dabei ist die Arbeitsbelastung viel schlimmer als früher. Wir können nur ordentlich arbeiten, wenn es weniger wird.
○ Wären Sie damit einverstanden, sich mal mit der Geschäftsleitung zusammenzusetzen?
● Wenn der Betriebsrat dabei ist, hab ich nichts gegen ein Gespräch mit den Chefs.
○ Gut, dann kümmere ich mich mal um einen Termin. Ich sage Ihnen dann Bescheid.

d Ergänzen Sie die Tabelle.

Umgangssprache: So erzählt es Herr Simon der Betriebsrätin.	Schriftsprache: So hat es die Betriebsrätin protokolliert.
Also, wir haben da ein dickes Problem.	Herr Simon macht auf ein großes Problem aufmerksam.
Wir sind so gestresst, dass ...	Er sagt, dass Fehler passieren können, weil alle Mitarbeiter/innen überlastet sind.
	Er will für diese Fehler nicht verantwortlich gemacht werden.
	Grund für die Überlastung ist seiner Meinung nach der Personalmangel.
	Eine Arbeitsentlastung ist dringend nötig, um die Qualität der Arbeit zu sichern.
	Herr Simon ist zu einem Gespräch mit Geschäftsleitung und Betriebsrat bereit.

e Sammeln Sie weitere Probleme, bei denen der Betriebsrat vermitteln kann.

f Arbeiten Sie zu zweit. Wählen Sie eines der Probleme aus 9e. Bereiten Sie das Gespräch mit dem Betriebsrat in Stichworten vor und spielen Sie das Gespräch.

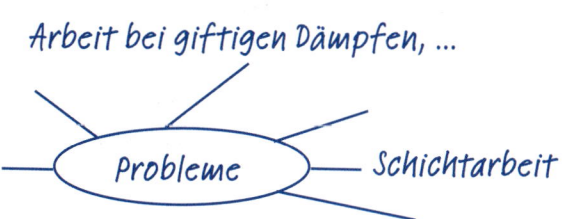

Arbeit bei giftigen Dämpfen, ...

Probleme — Schichtarbeit

Mitarbeiter/in	**Betriebsrätin**
Ich habe folgendes Problem: ... Ich brauche Ihre Unterstützung. Von mir wird erwartet, dass ... Der Grund ist, dass ... Mit ... kann ich nicht reden. So kann das nicht weitergehen. Ich kann nicht mehr. / Ich bin fix und fertig.	Können Sie mir bitte die Situation genau darstellen? Haben Sie schon mit ... gesprochen? Bitte beruhigen Sie sich. Sind Sie einverstanden, dass wir das Problem mit der Geschäftsleitung besprechen?

Nützliche Wörter und Ausdrücke

a Schreiben Sie in Ihrer Sprache.

Neu im Team / Nachfragen:

Was ist hier bei einem Einstand üblich?

_____

Entschuldigen Sie, wie war noch mal Ihr Name?

_____

Ich habe das noch nicht genau verstanden. Könnten Sie mir noch mal erklären, wie Sie das machen?

_____

Alle duzen sich. Ist das Du hier normal?

_____

Gibt es etwas, was ich anders machen sollte?

_____

Ein Teamgespräch führen

Ich habe zu diesem Punkt noch eine Anmerkung.

_____

Ich möchte dazu gerne noch etwas sagen/fragen.

_____

Jetzt bin ich aber mal dran.

_____

Ich sehe da folgendes Problem: …

_____

Ja genau. / Ah ja. / Oh. Schon? / Sag das noch mal.

_____

Kann ich dazu noch andere Meinungen hören?

_____

Konfliktgespräche führen

Ich ärgere mich, wenn …

_____

Ich kann verstehen, dass …

_____

Ich möchte in Zukunft …

_____

Können wir es so machen, dass … ?

_____

Mit dem Betriebsrat sprechen

Schön, dass Sie sich Zeit genommen haben.

_____

Ich habe folgendes Problem: ….

_____

Ich brauche Ihre Unterstützung.

_____

Von mir wird erwartet, dass ….

_____

b Weitere wichtige Ausdrücke und Sätze für Ihren Job – Schreiben Sie.

Deutsch	Ihre Sprache
_____	_____
_____	_____
_____	_____
_____	_____

c Fremdwörter haben oft die Endungen *-ion, -tät, -e* und *-um*. Ordnen Sie die Nomen zu.

-ion	-tät	-e	-um
die Applikation			

die Perspektive • die Funktion • das Klinikum • das Praktikum • die Karriere • die Montage • die Applikation • die Information • die Qualität • die Produktion • die Reklamation • das Studium • die Produktivität • die Recherche • die Routine • das Forum

d Fremdwörter und ihre Bedeutung. Was passt zusammen? Ordnen Sie die Wörter aus c zu.

1. *hier*: die Anwendung von Medikamenten   *die Applikation*

2. die Nachricht/Auskunft/Mitteilung

3. die Sichtweise

4. wozu etwas da ist

5. eine sich wiederholende Tätigkeit

6. die Herstellung

7. das Zusammenbauen von etwas

8. wie gut etwas ist

9. die (erfolgreiche) berufliche Laufbahn

10. eine praktische Phase vor/während/nach der Ausbildung

11. eine Seite im Internet, wo man diskutieren kann

12. die Mitteilung, dass etwas nicht in Ordnung ist

13. die Ausbildung an einer Universität

14. die Leistungsstärke

15. die Suche nach Informationen

e Von welchen Nomen aus c sind diese Verben abgeleitet? Ordnen Sie zu.

recherchieren _15_ • funktionieren ___ • produzieren ___ • studieren ___ • montieren ___
informieren ___ • reklamieren ___ • praktizieren ___

f Erstellen Sie eine Mindmap zum Thema Pflegeberufe.

g Lesen Sie das Beispiel und schreiben Sie Lernkarten zu „Krank...", „Sozial..." und „Team..."

die Pflege
die Krankenpflege, die Altenpflege,
die Pflegehelferin, pflegen

TIPP Lernen Sie Wortschatz in Wortfeldern. Wählen Sie ein Wort, z. B. Pflege, und schreiben Sie alle Wörter mit Pflege auf, die Ihnen einfallen. Schreiben Sie Lernkarten.

Handwerk und Industrie

1 **Betriebsgrößen vergleichen**

a **Kleinbetrieb und Großunternehmen: Worin unterscheiden sie sich? Sammeln Sie.**

Kleinbetrieb
Beschäftigte: weniger als 10
– keine industrielle Produktion, nur Handwerk
– familiäres Arbeitsklima
– persönliche Nähe zum Kunden
– Betriebsrat erst ab 6 Mitarbeitern
– Kündigungsschutz erst ab 6 Mitarbeitern
– schnelle, aber begrenzte Karrieremöglichkeiten
– Einstellung durch den Chef / die Chefin
– Kaffeeautomat für Mitarbeiter/innen

Kleine und mittlere Unternehmen
Beschäftigte: 10 bis 250
– Handwerk und industrielle Produktion
– Arbeitsklima abhängig von Kollegen und Vorgesetzten
– je größer der Betrieb, desto geringer die Nähe zum Kunden
– Betriebsrat
– Kündigungsschutz
– Karrieremöglichkeiten abhängig von Betriebsgröße
– Vorstellungsgespräche mit Personalrat und Fachabteilung
– Teeküchen

Großunternehmen
Beschäftigte: 250 und mehr
– industrielle Produktion
– Arbeitsklima eher anonym
– Kunden sind oft Unternehmen
– Betriebsräte und Gesamtbetriebsrat
– Kündigungsschutz
– lange Karrierewege
– mehrere Bewerbungsstufen / Assessment-Center
– eigene Kantine

b **Lesen Sie die Stichpunkte zu den Betrieben und erklären Sie sie im Kurs.**

> *Arbeitsklima anonym: Das heißt, die Kollegen kennen sich nicht.*

c **Markieren Sie die Punkte, die Sie positiv finden, mit einem + und die Punkte, die Sie negativ finden, mit einem –.**

d **Würden Sie lieber in einer kleinen Firma, einem mittelständischen Betrieb oder einem Großkonzern arbeiten? Warum?**

2 Über Arbeitsbedingungen in der Produktion sprechen

a Schauen Sie sich die Fotos an. Welche Berufe können Sie zuordnen?

1. Fahrzeuginnenausstatter/in
2. Helfer/in im Lager
3. Fachkraft Lebensmitteltechnik
4. Textilprüfer/in

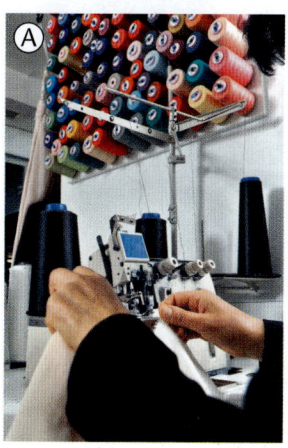

_4_ ___ ___ ___

b Stellen Sie sich die Arbeitsplätze auf den Fotos konkret vor. Was ist an der Arbeit angenehm, was belastend?

25–28 c Hören Sie. Wo arbeiten die vier Personen und was machen sie gerade? Schreiben Sie.

Die Frau in Foto A arbeitet in einer Textilfabrik. Sie prüft ...

d Hören Sie noch einmal. Was sagen die Personen über ihre Arbeitsbedingungen? Wählen Sie ein Stichwort und berichten Sie, was dazu gesagt wird.

Lärm Arbeitszeiten Schutzkleidung

Gefahrenstoffe Hygiene körperliche Belastung

e Welche Arbeitsbedingungen haben Sie selbst kennengelernt? Sprechen Sie im Kurs.

Ich habe nie in der Produktion gearbeitet, aber ich kenne die Arbeitsbedingungen in ...
Die Arbeitsbedingungen bei ... waren gut / angenehm / schlecht / nicht auszuhalten.
Wir hatten gute Arbeitszeiten.
Wir haben ohne Pause / ständig unter Druck / ... gearbeitet.
In dem Betrieb, in dem ich gearbeitet habe, war es immer zu laut / zu kalt / zu zugig / zu heiß ...
Wir haben immer Schutzkleidung getragen: Handschuhe, ...
Wir haben ... verdient.
Das Gehalt war ...
Ich verstehe gut, wovon ... redet.
Das habe ich auch erlebt.

3 Über Anforderungen in Handwerksberufen sprechen

a Männer und Frauen in Handwerksberufen – Was ist Ihre Meinung?
Tauschen Sie sich aus.

Zimmermann/Zimmerfrau

Frisör/in

Schornsteinfeger/in

b Welche Handwerksberufe kennen Sie? Sammeln Sie.

> Ich kenne einen Dachdecker.

> Meine Schwester ist Kosmetikerin.

c In welchen Berufen wird hauptsächlich mit diesen Materialien gearbeitet?

Textilien • Holz • Leder • Haarpflegemittel • Stein • Lebensmittel • Metall

d Welche Kompetenzen braucht man Ihrer Meinung nach für die Berufe aus 3a? Suchen Sie
passende Wörter. Arbeiten Sie mit dem Wörterbuch. Sprechen Sie im Kurs.

> der Schwindel – schwindelfrei   an der frischen Luft arbeiten

> Als Dachdecker muss man
> schwindelfrei sein.

> Als Schornsteinfeger auch.
> Und sie müssen gerne an der frischen Luft arbeiten.

> Schneider müssen ganz sorgfältig arbeiten.

> Und sie müssen im Umgang mit Kunden geduldig sein.

e Stellen Sie einen Handwerksbetrieb vor.

> Ich habe diesen Betrieb gewählt, weil …
> In diesem Handwerksbetrieb arbeitet ein Freund / meine Tante …
> Dort arbeiten … Leute.
> Den Betrieb gibt es seit …
> Das Arbeitsklima ist sehr angenehm/entspannt/…
> Schornsteinfeger/innen … arbeiten mit … / den folgenden Materialien: …
> Wichtige Tätigkeiten des/der … sind das …
> Zu seinen/ihren Aufgaben gehört das …
> In dem Beruf haben früher nur Männer gearbeitet, aber heute …
> Ich finde interessant, dass …
> Dieses Handwerk gibt es in meinem Land auch, aber …

4 Selbstständig arbeiten

a Diese Tischlerin ist selbstständig. Sie hat einen Ein-Frau-Betrieb. Überlegen Sie:
Was muss sie alles selbstständig erledigen? Schreiben Sie so viele Punkte wie möglich auf.

Sie muss Kunden und Aufträge finden.

_____

_____

_____

_____

_____

_____

Sie muss Rechnungen schreiben.

_____

_____

b Lesen Sie die Punkte. Können Sie in Ihrer Liste aus 4a noch etwas ergänzen?

die Qualität prüfen • eine Steuererklärung machen • Vorgespräche mit Kunden führen •
Kunden und Aufträge finden • den Rechnungseingang kontrollieren • über Preise und Zeiten
verhandeln • Räume ausmessen • Rechnungen schreiben • eine Bestellung aufgeben • Möbelstücke
einbauen • Angebote schreiben • Materiallieferungen entgegennehmen und kontrollieren • Material
zuschneiden • das Produkt präsentieren • einen Vertrag schließen • die Buchhaltung machen •
Teile zusammenbauen

c Was braucht man zur Selbstständigkeit außer fachlichen Kenntnissen noch?

Man muss gut kalkulieren können.

Man braucht auch Mut.

d Können Sie sich vorstellen, selbstständig zu arbeiten? Tauschen Sie sich aus.

Ich kann mir die Selbstständigkeit für mich vorstellen.	Das hat zu viele Nachteile für mich.
Ich bin gerne mein eigener Chef.	Man hat z. B. wenig Freizeit.
Ich kann gut mit Kunden umgehen.	Für mich kommt das nicht in Frage, weil …
Ich bin gut in meinem Fach.	Die ganze Buchhaltung? Das kann ich mir für mich nicht vorstellen.
Ich brauche eine Fortbildung zum Thema ….	Ich möchte die Sicherheit einer festen Stelle.
Wenn meine Freunde mir helfen, …	Ich will nicht alles selbst entscheiden.
	Ich arbeite viel lieber im Team.

5 Aufträge einholen und Angebote machen

a Spielen Sie Dialoge zwischen Kunde/Kundin und Handwerker/in. Ergänzen Sie die Notizen.

Wo soll es erledigt werden?
Aus welchem Material soll … sein?
Welche Preisvorstellung haben Sie?

Wie viele … sollen … werden?
Wie groß ist …?
Bis wann soll es erledigt werden?

Kunde/Kundin
Anfrage: Treppe bauen
Ort: Wiesbaden
Material: Holz und Metall
Zeit: noch im August möglich? ....
Kosten: ....

Handwerker/in
Anfrage: Treppe bauen
Ort: ....
Material: ....
Zeit: erst im Oktober Termine frei
Preis: 1200 €

Handwerker/in
Anfrage: Parkett abschleifen und versiegeln
Ort: ....
Fläche: ....
Zeit: 15.–21. Mai Urlaub, 22.–28. Mai möglich
Preisvorstellung: ....
Kosten: 2400 €

Kunde/Kundin
Anfrage: Parkett abschleifen und versiegeln
Ort: Solingen
Fläche: 24 qm
Zeit: am besten 15.–21. Mai, ...
Preisvorstellung: nicht mehr als 2000 €
Kosten: ....

Kunde/Kundin
Anfrage: altes Haus renovieren
Ort: Dresden
Größe: 220 qm
Zeitraum: innerhalb des nächsten Jahres
Preisvorstellung: 50.000 €
Besichtigungstermin: ....

Handwerker/in
Anfrage: altes Haus renovieren
Ort: ....
Größe: ....
Zeitraum: ....
Kosten: Kalkulation nach Besichtigung des Hauses
Besichtigungstermin: Montag, 28. 3., 11.00 Uhr

---

b Lesen Sie das Angebot. Markieren Sie den Auftragstitel, das Material, den Preis und den Termin.

Witte Dachbau GmbH, Lange Str. 38, 63450 Hanau, Tel. 06181-12345, E-Mail: info@witte.de

Frau Hanna Rosen
Vogelweg 12
63065 Offenbach

22.04.

Ihre Anfrage vom 20.04.: Anbringen einer Dachrinne

Sehr geehrte Frau Rosen,
vielen Dank für Ihre Anfrage. Sie erhalten anbei unser Angebot für Ihr Gartenhaus.
Der Preis für das Anbringen einer Dachrinne (Kupfer), ca. 40 m,
beträgt 980,– Euro zuzüglich 19 % Mehrwertsteuer.
Wenn Sie sich bis zum 30.04. entscheiden, können wir Ihnen einen Rabatt von
10 % gewähren.
Wir können die Dachrinne im Juni installieren.
Über eine positive Rückantwort freuen wir uns. In den nächsten Tagen rufen wir Sie an.
Bei Rückfragen stehe ich Ihnen gerne persönlich zur Verfügung.

Mit freundlichen Grüßen
Gregor Witte
– Inhaber –

c Wählen Sie einen der Aufträge in a und schreiben Sie dazu ein Angebot.

6 Über ein Angebot verhandeln

a Hören Sie das Telefongespräch. Was stimmt, was stimmt nicht?

	R	F
1. Das Gartenhaus von Frau Rosen ist sehr groß.	☐	☐
2. Frau Rosen hat einen Fehler gemacht.	☐	☐
3. Herr Witte bekommt den Auftrag doch nicht.	☐	☐

b Hören Sie noch einmal: Was sagt die Kundin (K), was sagt der Handwerker (H)?

1. Entspricht das Angebot Ihren Wünschen? ___H___

2. Ich finde das Ganze etwas zu teuer. _____

3. Da liegt aber doch sicher ein Missverständnis vor. _____

4. Wie groß ist Ihr Gartenhaus bitte noch einmal? _____

5. Können Sie mir sagen, wie groß die Grundfläche ist? _____

6. Ich denke, die Fläche ist ungefähr 1,20 auf 1,80 m. _____

7. Was würde das dann kosten? _____

8. Ich kann Ihnen einen Rabatt von 10 % geben. _____

9. Ich berechne das kurz und rufe Sie dann zurück. _____

10. Wissen Sie was, ich komme kurz bei Ihnen vorbei. _____

11. Gut. Können Sie heute Nachmittag noch? _____

c Ordnen Sie die Aussagen des Kunden zu.

1. Normalerweise kostet das 900 Euro, aber ich kann Ihnen mit einem Rabatt entgegenkommen.
2. Sagt Ihnen mein Angebot zu?
3. Welche Preisvorstellung haben Sie?
4. Gut, dann kann ich den Auftrag leider nicht übernehmen. Ich hoffe, dass Sie den richtigen Handwerker finden.
5. Das kann ich machen, aber die kosten dann extra.
6. Ja, ich kann Ihnen auch einen früheren Termin geben.

__ a) Ich muss mir das noch überlegen. Es ist sehr teuer.
__ b) Ich habe an nicht mehr als 600 Euro gedacht.
__ c) Wenn ich mich für Sie entscheide, könnten Sie mir auch einen früheren Termin geben?
__ d) Benutzen Sie Naturfarben?
__ e) Ich denke, ich habe doch etwas andere Vorstellungen.
__ f) Ja, bestimmt. Vielen Dank jedenfalls.

d Spielen Sie Dialoge zu Ihren Angeboten aus 5c. Können Sie als Kunde das Angebot annehmen? Können Sie als Handwerker den Auftrag annehmen? Verhandeln Sie.

Kunde	Handwerker
Das ist viel zu teuer. Dann kann ich Ihr Angebot leider nicht annehmen.	Ich kann Ihnen einen Rabatt von … % geben. Ihre Preisvorstellungen sind nicht realistisch. Das … kostet aber noch extra.
Bis wann können Sie das machen? Ich brauche das aber früher. Das muss bis zum … erledigt sein.	Ich kann Ihnen da entgegenkommen. Vor dem … kann ich Ihnen keinen Termin geben. Der Termin lässt sich einrichten.
Gut, dann sind wir uns einig.	Können wir uns auf … einigen?

7 Lieferungen reklamieren

a Lesen Sie das Reklamationsschreiben. Ergänzen Sie die Informationen.

A Toner
C̸ 26.11.
E 02.12.
G Toner
I Vertrag

B Damen und Herren
D Bestellung
F 20 Packungen Kopierpapier
H 13.12.
J Anlage

Reklamation einer Falschlieferung, Kaufvertrag vom _C_

Sehr geehrte _____,

vielen Dank für die prompte Lieferung vom _____ Leider haben wir gerade festgestellt, dass die

gelieferte Ware nicht unserer _____ entspricht. Wir haben _____ bestellt, geliefert wurden

jedoch _____ . Diese Ware können wir nicht verwenden und bitten Sie, sie umgehend wieder

abzuholen. Liefern Sie bitte die von uns bestellten _____ bis spätestens zum _____ . Sollte Ihnen

die Ersatzlieferung nicht bis zu diesem Termin möglich sein, müssen wir vom _____ zurücktreten.

Wir erwarten Ihre Stellungnahme bis spätestens 6.12.

Mit freundlichen Grüßen

Martini

_____ Kopie unserer Bestellung

---

b Schreiben Sie eine Reklamation zu A oder B.

A Falschlieferung
bestellt waren: 5 Eimer Innenfarbe
Purcolor weiß 16,5 kg
geliefert wurden: 5 Eimer Innenfarbe
Purcolor rot 16,5 kg
Bitte um Rückruf zwecks Vereinbarung eines
neuen Liefertermins

B Lieferung von defekter Ware
bestellt war: eine Arbeitsplatte
(Design Erlebnis DS 262, 4x0,80 m)
geliefert wurde: eine defekte Platte
Lieferung einer Ersatzplatte bis 03.05.,
danach Rücktritt vom Vertrag

⊙ 30 c Hören Sie das Gespräch zur Falschlieferung zweimal. Diese Ausdrücke kommen darin vor. Ordnen Sie.

1. Wie finden wir da
2. Ich bedaure den Fehler
3. Das kann ja mal
4. So etwas sollte aber
5. … als kleines Dankeschön
6. Das ist sehr
7. Was kann ich
8. Das wäre
9. Bitte entschuldigen Sie

_5_ a) für Ihr Verständnis.
_____ b) nett von Ihnen.
_____ c) nicht passieren.
_____ d) für Sie tun?
_____ e) jedenfalls sehr.
_____ f) sehr hilfreich.
_____ g) eine Lösung?
_____ h) das Versehen.
_____ i) vorkommen.

d Spielen Sie ein Gespräch zu den Beispielen in 7b.

8 Eine Rechnung schreiben

a Lesen Sie die Rechnung und identifizieren Sie die Angaben 1–9.

Herr
Alonzo Sola
Am Weinberg 15
78467 Konstanz

Lorenz Turlow
Gärtner
Seestr. 15
78467 Konstanz
Tel. 07531-98765
StNr.: DE 205907XB3

20.03.2012
Rechnungs-Nr.: 1579

RECHNUNG

Sehr geehrter Herr Sola,

ich erlaube mir, Ihnen die folgenden, am 17.03.2012 ausgeführten Gartenarbeiten in Rechnung zu stellen:

– Rasenmähen, Reinigung der Auffahrt, Heckenschnitt
  (5 Stunden à 16,- €)   80,– €
– 140-Liter-Grünabfallsäcke aus festem Papier
  (3 Stück à 3,10 €)   9,30 €

Summe netto	**89,30 €**
Mwst 19%	19,96 €
Summe Brutto	**106,26 €**

Zahlbar sofort. Bei Rückfragen bitte die Rechnungsnummer angeben.

Mit freundlichen Grüßen

Lorenz Turlow

Lorenz Turlow

Lorenz Turlow, Postbank Stuttgart, BLZ: 600 100 70, KTO: 2490470

1. die Adresse des Rechnungsstellers

2. die Adresse des Empfängers

3. Einzelpreise und Gesamtpreis

4. die Steuernummer

5. die eigene Bankverbindung

6. eine Rechnungsnummer

7. das Rechnungsdatum

8. das Leistungsbzw. Lieferdatum

9. eine eindeutige Beschreibung der Dienstleistungen oder der gelieferten Waren

10. die Fälligkeit, d. h. eine Angabe, wann das Geld eingehen soll

b Schreiben Sie eine Rechnung für eine der folgenden Dienstleistungen.

Ⓐ Fliesenlegen in 2 Bädern (75 qm Fläche)		Ⓑ Erstellung einer Homepage mit Bildern		Ⓒ Autoreparatur	
alte Fliesen entfernen	600,– €	Erstellen der Homepage	250,– €	Wasserpumpe	137,– €
neue Fliesen verlegen	750,– €	Einstellung ins Internet	100,– €	Öl für Ölwechsel	48,– €
Fliesen	1.500,– €	Homepage in Suchmaschinen eingeben	50,– €	Ölfilter	15,– €
				1 Arbeitsstunde	55,– €
Netto:	**2.850,00 €**	**Netto:**	**400,00 €**	**Netto:**	**255,00 €**
MwSt 19%:	541,50 €	MwSt 19%:	76,00 €	MwSt 19%:	48,45 €
Brutto:	**3.391,50 €**	**Brutto:**	**476,00 €**	**Brutto:**	**303,45 €**

9 Sprechen: den richtigen Ton finden

31–33 **a Hören Sie die drei Gespräche. Wer spricht mit wem?**

	1	2	3
A Kollege mit Chef/in?			
B Kollege mit Kollegin?			
C Chef/in mit Kunde/Kundin?			

b Hören Sie noch einmal. Welches Bild passt zu welchem Gespräch?

c Wie formell und höflich ist die Ausdrucksweise? Ordnen Sie die Formen in die Tabelle.

~~Sag mal dem Chef Bescheid.~~ • Tut mir sehr leid. • Dazu habe ich leider keine Zeit. • O. k. • Sagen Sie bitte dem Chef Bescheid. • Ich bin da anderer Meinung. • Ich möchte Ihnen da widersprechen. • Ja, mach ich. • Keine Zeit. • Könnten Sie bitte dem Chef Bescheid sagen? • Sorry! • Ja, ich erledige das. • Das stimmt nicht! • Ich möchte mich bei Ihnen entschuldigen. • Es ist mir leider nicht möglich, das in diesem Zeitrahmen zu erledigen.

	umgangssprachlich, informell	allgemeinsprachlich, etwas formell	sehr höflich, sehr formell
jemanden zu etwas auffordern	*Sag mal dem Chef Bescheid.*		
positiv auf eine Aufforderung reagieren			
ablehnen, weil man keine Zeit hat			
sich entschuldigen			
widersprechen			

d Drücken Sie sich mehr oder weniger formell aus.

– Sie wissen etwas nicht.
– Sie möchten jemanden um etwas bitten.
– Sie wollen, dass der andere etwas wiederholt.

e Lesen Sie den Dialog. Ist er höflich oder umgangssprachlich? Wie kann man es anders sagen? Schreiben Sie den Dialog um und spielen Sie beide Dialoge im Kurs vor.

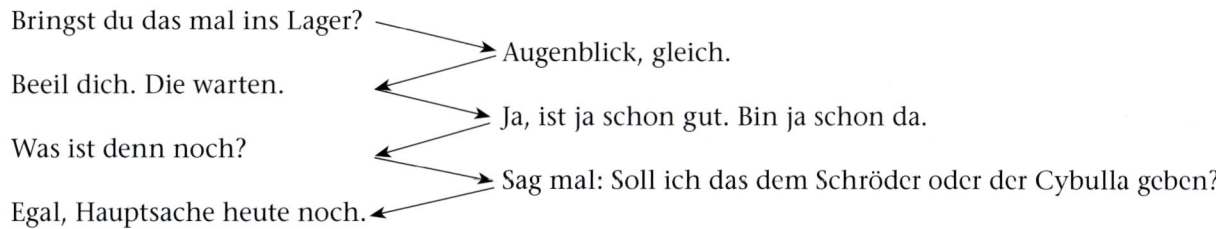

Bringst du das mal ins Lager? → Augenblick, gleich.

Beeil dich. Die warten. ← → Ja, ist ja schon gut. Bin ja schon da.

Was ist denn noch? ← → Sag mal: Soll ich das dem Schröder oder der Cybulla geben?

Egal, Hauptsache heute noch. ←

10 Kurz und präzise schreiben

a Kürzen Sie die Nachricht auf unter 20 Wörter.

> Frau Alexandra Mitnick hat angerufen, am 20.03., nachmittags um 14.15. Sie holt ihren grünen Mazda am Montag nicht selbst ab. Ihr Kollege aus der Firma kommt am Mittwoch irgendwann im Laufe des Tages vorbei. Sie bittet, die Rechnung an die Firma zu schicken:
> Mitnick-Consulting
> Kokosstr. 18
> 24116 Kiel
> Azad

> Anruf Mitnick
> Kollege holt ...

🔊 34–36 **b Hören Sie die drei Telefongespräche. Machen Sie Notizen und vergleichen Sie im Kurs.**

c Lesen Sie die E-Mail. Klären Sie die Abkürzungen.

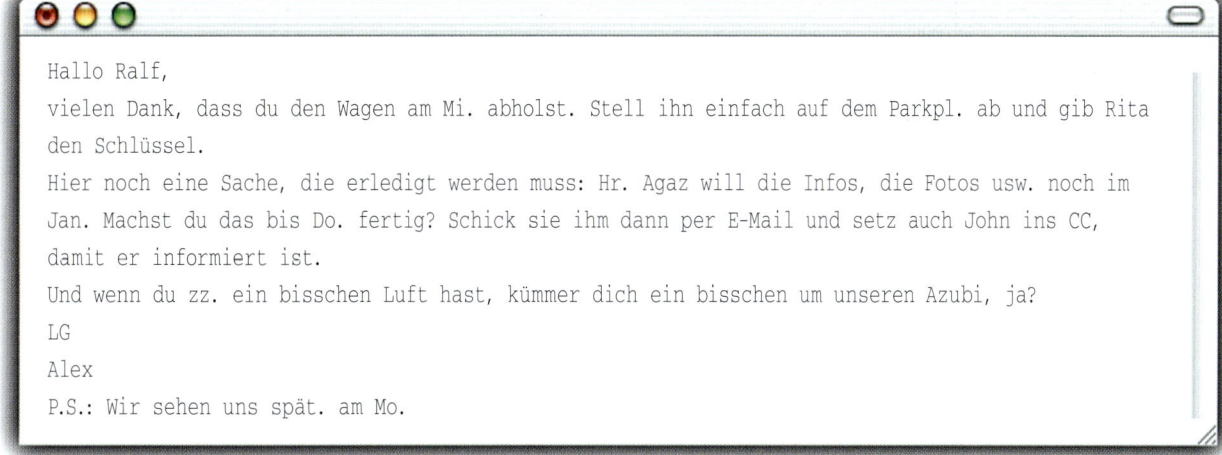

```
Hallo Ralf,
vielen Dank, dass du den Wagen am Mi. abholst. Stell ihn einfach auf dem Parkpl. ab und gib Rita
den Schlüssel.
Hier noch eine Sache, die erledigt werden muss: Hr. Agaz will die Infos, die Fotos usw. noch im
Jan. Machst du das bis Do. fertig? Schick sie ihm dann per E-Mail und setz auch John ins CC,
damit er informiert ist.
Und wenn du zz. ein bisschen Luft hast, kümmer dich ein bisschen um unseren Azubi, ja?
LG
Alex
P.S.: Wir sehen uns spät. am Mo.
```

d Schreiben Sie die E-Mail in der Sie-Form und schreiben Sie die Abkürzungen aus.

> Sehr geehrter Herr Müller,
> vielen Dank, dass Sie den Wagen am Mittwoch abholen. Stellen Sie ...

Nützliche Wörter und Ausdrücke

a Schreiben Sie in Ihrer Sprache.

Über Arbeitsbedingungen sprechen

Die Arbeitsbedingungen sind gut / schlecht / ... _____

In dem Betrieb, in dem ich arbeite, ist es
immer zu laut / zu kalt / zu zugig / zu heiß ... _____

An den Lärm / den Gestank / die Hitze /
die Arbeitszeiten / ... muss man sich gewöhnen. _____

Wir arbeiten mit Gefahrenstoffen. Wir tragen
immer Schutzkleidung: Handschuhe, ... _____

Es ist schwierig, immer im Stehen /... zu arbeiten. _____

Informationen zu einem Auftrag einholen

Wo / Bis wann soll ... erledigt werden? _____

Wie viele ... sollen ... werden? _____

Aus welchem Material soll ... sein? _____

Welche Preisvorstellung haben Sie? _____

Über einen Auftrag / ein Angebot verhandeln

Entspricht das Angebot Ihren Wünschen? _____

Ich kann Ihr Angebot leider nicht annehmen. _____

Ich kann Ihnen einen Rabatt von ... % einräumen. _____

Ihre Preisvorstellungen sind nicht realistisch. _____

Das ... kostet aber noch extra. _____

Ich kann Ihnen da (nicht) entgegenkommen. _____

Das muss bis zum ... erledigt sein. _____

Vor dem ... kann ich Ihnen keinen Termin geben. _____

Da liegt aber doch sicher ein Missverständnis vor. _____

Können wir uns auf ... einigen? _____

Gut, dann sind wir uns einig. _____

b Weitere wichtige Wörter und Sätze für Ihren Job – Schreiben Sie.

Deutsch

Ihre Sprache

_____   _____

_____   _____

_____   _____

_____   _____

c Zusammengesetzte Nomen: Bilden Sie aus jeweils zwei Wörtern einen neuen Begriff. Es gibt mehrere Möglichkeiten. Vergleichen Sie im Kurs.

Hand • Dienst • Material • Arbeits • Geschäfts • Gesamt • Fach • Schutz • Kündigungs • Betriebs • Gefahren • Preis • Buch • rat • werk • lieferung • kleidung • brief • haltung • vorstellung • leistung • schutz • preis • zeit • stoff • kraft

> *der Dienst + die Leistung =*
> *die Dienstleistung*

d Erschließen Sie, was diese Personen tun.

Fahrzeuginnenausstatter/in   *Er oder sie stattet Fahrzeuge innen aus.*

Dachdecker/in   _____

Textilprüfer/in   _____

Altenpfleger/in   _____

Arzthelfer/in   _____

Schornsteinfeger/in   _____

Arbeitsberater/in   _____

Heilerziehungspfleger/in   _____

Entbindungspfleger/in   _____

Gemüsehändler/in   _____

Hotelmitarbeiter/in   _____

> **TIPP**   Zusammengesetzte Nomen (Komposita) sind in der Berufssprache sehr häufig. Das letzte Nomen bestimmt den Artikel. Beispiel: der Betrieb + **die** Größe – **die** Betrieb**s**größe

e Erstellen Sie eine Mindmap zum Thema „Handwerk".

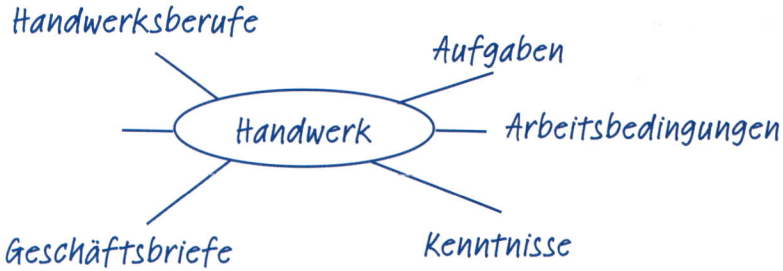

> **TIPP**   Lernen Sie Wortschatz im Zusammenhang. Schauen Sie sich Videos im Internet zu den Ausbildungsberufen an, z. B. unter www.br-alpha.de oder www.berufetv.de
> Notieren Sie zum ausgewählten Beruf:
> – Was wird in diesem Beruf gemacht?
> – Welche Materialien und Werkzeuge sind nötig?
> – Welche Fähigkeiten und Vorkenntnisse sind gefragt?
> – Was wird zu den Arbeitsbedingungen gesagt?

Berufliche Ziele

1 Über Erfahrungen und Interessen berichten

a Was machen die Personen auf den Bildern? Was können sie gut? Welche Interessen haben sie?

b Lesen Sie die Fragen und erklären Sie sich den neuen Wortschatz zu zweit.

Kindheit

Was hat Ihnen als Kind besonders Spaß gemacht?
Was konnten Sie besonders gut?
Worauf waren Sie einmal so richtig stolz?
Welche Fähigkeiten aus Ihrer Kindheit nutzen Sie heute noch?

Arbeitplatz/privat

Welche Tätigkeiten machen Ihnen am meisten Spaß?
Welche Stärken können Sie dabei einsetzen?
Was empfinden Sie als Ihre persönlichen Leistungen und Erfolge?
Was haben Sie dabei für später gelernt?
Was ist für Sie auch zukünftig noch wichtig?

Schule/Ausbildung

Welche Fähigkeiten haben Ihnen in der Schule geholfen?
Welche Fähigkeiten haben Sie in der Schule/Ausbildung neu entwickelt?
Wofür wurden Sie von anderen gelobt/bewundert?

Als Kind habe ich besonders gern …

Meine Mitschüler haben mich dafür bewundert, dass …

c Fragen Sie im Kurs und machen Sie Notizen.

d Geben Sie sich gegenseitig kurze Rückmeldungen. Benutzen Sie dafür die Notizen aus 1b.

Sie haben gesagt, dass Sie früher / in der Schule / bei der Arbeit …
Ich denke, Sie können sehr gut …
Ich finde interessant, dass Sie gern …
Ich bewundere Sie dafür, dass …
Ich verstehe (nicht), dass Sie … / Es wundert mich, dass …
Ich denke … passt gut zu Ihnen.

2 Über berufliche und private Ziele sprechen

⊙ 37–40 a Hören Sie die vier Berichte. Was machen die Personen im Moment?

b Hören Sie noch einmal und notieren Sie, was die Personen in einem Jahr, in fünf Jahren und später machen wollen.

Magda, 21

Milan, 26

Regina, 19

Paul, 34

> Magda:
> 1. Jahr: Praktikum/Hotel
> In fünf Jahren: ...

c Arbeiten Sie zu viert. Jeder stellt eine Person vor.

> Magda ist 21 Jahre alt. Sie macht im Moment ...
> In fünf Jahren: ...

d Was möchten Sie in einem Jahr, in fünf Jahren, später einmal erreichen? Notieren oder zeichnen Sie Ihre Wünsche, Träume und Ziele.

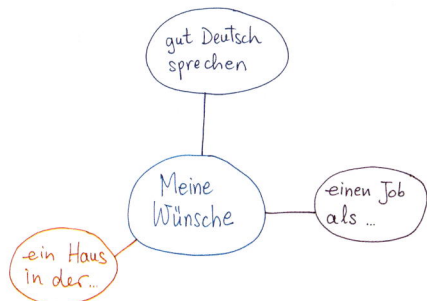

e Tauschen Sie sich zu zweit aus. Welche Gemeinsamkeiten und Unterschiede gibt es?

> *Ich finde es schwer, über meine Ziele zu sprechen, weil ...*

> Im Moment jobbe/lerne/... ich bei ...
> Danach werde ich eine Ausbildung als ... machen. Wenn das klappt, will/werde ich ...
> Nächstes Jahr habe ich vor, ...
> Ich plane nach dem Kurs ... zu machen / als ... zu arbeiten/...
> In fünf Jahren würde ich gern als ... arbeiten. / Ich träume davon, später ...
> Wenn ich genug Geld habe, möchte ich mich selbstständig machen / ein Restaurant eröffnen / ...
> Wir möchten beide nächstes Jahr / in fünf Jahren / später ...
> Herr/Frau ... möchte eine Ausbildung machen, aber ich möchte lieber ...

3 Persönliche Stärken benennen

⊙ 41–42 **a Hören Sie: Was sind Frau Anklam und Frau Thoma von Beruf?**

**b Hören Sie noch einmal und notieren Sie:
Was können diese Personen gut?**

> *Frau Anklam: improvisieren*

**c Welche Eigenschaften passen zu welchen
Tätigkeiten? Ordnen Sie die Begriffe zu. Es gibt mehrere Möglichkeiten.**

Ich bin ...

1. handwerklich geschickt
2. kreativ
3. kommunikativ
4. einfühlsam
5. sorgfältig
6. durchsetzungsstark
7. belastbar
8. flexibel
9. stark
10. ...

Ich kann ...

_____ a) verhandeln.
_____ b) gut mit Kindern umgehen.
_____ c) Autos reparieren.
_____ d) mit älteren Menschen umgehen.
_____ e) Ausflüge organisieren.
_____ f) Wasserhähne anschließen.
_____ g) schwere Lasten tragen.
_____ h) Geschenke einpacken.
_____ i) Bilder aufhängen.
_____ j) Räume dekorieren.
_____ k) viele Dinge gleichzeitig machen.
_____ l) Gäste/Kunden bedienen.
_____ m) Kleidungsstücke entwerfen.
_____ n) Veranstaltungen planen.
_____ o) ...

**d Spiel: Was können Sie gut?
Beschreiben Sie. Die anderen nennen
den passenden Begriff.**

4 Welchen Beruf hat ...?

a Lesen Sie den Text. Was ist diese Frau von Beruf?

Ich habe viel mit Menschen zu tun, denn ich leite ein kleines Unternehmen.
Ich organisiere die Logistik und bin für den Service verantwortlich.
Ich organisiere den Freizeitbereich und berate in Bildungsfragen.
Ich bin für den Küchenbetrieb und die Beratung in Ernährungsfragen zuständig.
Ich leiste erste Hilfe und übernehme die Krankenpflege.
Ich bin strukturiert und kann meine Aktivitäten gut organisieren.

b Ergänzen Sie die Sätze. Benutzen Sie die Begriffe aus 3c. Es gibt mehrere Möglichkeiten.

1. Ich möchte in einem _____ *Altenheim* _____ arbeiten,
   weil ich _____ *mit älteren Menschen umgehen* _____
   kann und _____ *belastbar* _____ bin.

2. Ich möchte in einer _____
   arbeiten, weil ich _____ bin und
   _____ kann.

3. Ich möchte in einem _____
   arbeiten, weil ich _____ und
   _____ .

4. Ich möchte in einer _____
   arbeiten, weil ich _____
   _____ .

5. Ich möchte in einer _____
   arbeiten, weil ich _____
   bin und _____ kann.

**c Was können Sie gut? Was macht Ihnen Spaß? Wo und wie haben Sie damit schon
Erfahrungen gemacht? Schreiben Sie einen kurzen Text.**

> *Ich bin kreativ und kann gut kochen und Torten dekorieren. Das habe ich von
> meiner Mutter gelernt. Ich kann auch gut …*

**d Hängen Sie Ihre Texte im Kursraum auf. Lesen Sie die Texte. Schreiben Sie Berufsvorschläge
zu den Texten und sprechen Sie darüber.**

Der Beruf … passt (nicht) zu mir, weil …

*Ich kann mir gut/nicht
vorstellen als … zu arbeiten.
Ich möchte gern/nicht …*

*Den Vorschlag finde ich interessant,
aber ich denke, dass …*

5 Informationen am Telefon einholen

⊙ 43 **a** Berufsberatung – Hören Sie das Gespräch und beantworten Sie die Fragen.

1. Wer ruft wen an?
2. Welche Informationen möchte Frau Chakarova haben?
3. Woher kommt Frau Chakarova?
4. Wie lange ist sie in Deutschland und was hat sie bisher gemacht?
5. Wie geht es nach dem Telefongespräch weiter?

b Ein Telefongespräch vorbereiten – Sie rufen bei der Arbeitsagentur an und möchten eine Berufsberatung. Welche Fragen erwarten Sie? Welche Informationen können Sie über sich geben? Machen Sie Notizen für Ihre Antworten.

Mögliche Fragen	Antworten
Alter	27 Jahre
Schule	11 Jahre / eine Art Gymnasium
Berufserfahrung	

c Spielen Sie jetzt Telefongespräche mit der Arbeitsagentur.

Anrufer/in	Arbeitsagentur
	Begrüßung / Vorstellung / Wunsch?
Begrüßung, Name, Wunsch	Alter?
Alter	Deutschland / wie lange?
Monate/Jahre	Schule/Ausbildung?
Schule/Ausbildung bzw. Tätigkeit	Berufswunsch?
Berufswunsch	Vorschlag: Test + Beratungsgespräch
ok – Termin?	Termin
…	…
Dank / Verabschiedung	Dank / Verabschiedung

d Wählen Sie eine Situation aus und spielen Sie ähnliche Dialoge.

– Sie rufen bei einer Leiharbeitsfirma an.
– Sie rufen bei einem Restaurant an, das eine Kellnerin / einen Kellner sucht.
– Sie rufen bei einem Lebensmittelgeschäft an, das einen Verkäufer / eine Verkäuferin sucht.

6 Stellenanzeigen genau lesen

a Arbeiten Sie zu zweit. Lesen Sie eine Stellenanzeige sehr genau. Klären Sie unbekannte Wörter mit dem Wörterbuch.

> *Retour = zurück + Ware, evtl. Ware, die zurückgeschickt wurde*

b Formulieren Sie Fragen zu Informationen, die Sie nicht verstehen. Überlegen Sie im Kurs, wo Sie Antworten bekommen können.

> *Anzeige A: Was ist ein 2-Schichtsystem?*

c Überlegen Sie zuerst: Welche Informationen erwarten Sie in einer Stellenanzeige? Untersuchen Sie dann die Anzeigen: Welche Informationen fehlen? Formulieren Sie Fragen dazu.

> *Bei Anzeige C steht nichts über die Arbeitszeit. Wie ...?*

Ⓐ Produktionshelfer m/w

Wir sind auf der Suche nach mehreren Helfern und Helferinnen für die Verpackung von Retourwaren. Die Stelle ist in Vollzeit im 2-Schicht-system.

Tätigkeit:
– Neuverpackung von Retourwaren (Haushaltsartikel)
– Arbeiten am Fließband

Sie:
– sind zuverlässig
– sind pünktlich

Wir bieten:
– Bezahlung nach BZA Tarifvertrag (7,60 € / Stunde)
– Langfristige Vollzeitbeschäftigung
– Pünktliche Auszahlung von Lohn

Bewerben Sie sich bitte direkt telefonisch oder mit einem kurzen Lebenslauf + Anschreiben. Brauchen Sie noch Informationen?
Rufen Sie an: 03 31/3 12 94 57 43

Ⓑ Lagerfachkraft m/w

Wir suchen für einen Kunden aus der Logistik Lagerfachkräfte m/w für einen langfristigen Einsatz.

Tätigkeit:
– Erfassung und Bearbeitung der eingehenden und ausgehenden Waren
– Einräumen der Waren mit Staplern
– Erstellen und Bearbeiten von Versandpapieren
– Lagertätigkeiten

Profil:
– Aus- oder Weiterbildung zur Lagerfachkraft m/w
– Staplerführerschein
– körperlich belastbar, teamfähig und zuverlässig
– Pkw und Führerschein von Vorteil

Wir freuen uns über Ihre aussagekräftige Bewerbung!

Ⓒ Wir suchen ab sofort einen flexiblen *Koch* m/w in fester Teilzeitstellung. Bewerbungen tel. unter: 0 83 81/60 01
Frau Stöhr, Parkrestaurant, Eichenweg 34, 68535 Ladenburg

Ⓓ SYSTEMHAUS BUSCH GMBH&CO KG

Wir sind gefragt, wenn es um technischen Support von neuen Soft- oder Hardwaregenerationen geht.
Wir suchen:
Techniker/in, Fachinformatiker/in
sozialversicherungspflichtig, unbefristet, Vollzeit
So dürfen Sie sich Ihre Aufgaben vorstellen:
– Austausch von Computersystemen
– Installation neuer Betriebssysteme / Programme
– Aufbau von Telefonanlagen
– Durchführung von Funktionstests
– Ansprechpartner für Fragen zu IT-Funktionen

So stellen wir uns Ihr Profil vor:
– Erfahrung im IT-technischen Bereich
– serviceorientiertes Auftreten
– strukturierte und zielorientierte Arbeitsweise
– Genauigkeit und Termintreue
– zeitliche Flexibilität
– Berufserfahrung im Aufgabenfeld

Bitte senden Sie uns Ihre Bewerbung inkl. Lebenslauf und Zeugnissen unter Angabe unserer Referenz-Nr. 3 45 76 23 ●
Mehr Informationen per Telefon 09882/8 90 23 32-0 oder per E-Mail bewerbung@systemhaus-busch.com

---

d **Wortschatz trainieren: Erklären Sie eines dieser Wörter. Die anderen raten, welches Wort Sie erklärt haben.**

die Vollzeitstelle • belastbar • telefonisch • unbefristet • serviceorientiertes Auftreten • flexibel • teamfähig • zielorientiert • Berufserfahrung • Zeugnis • Bezahlung • Arbeitsort • Teilzeit

> *Eine Arbeit, die man die ganze Woche macht, 37 Stunden oder mehr.*

7 **Eine Bewerbung zusammenstellen**

a **Die schriftliche Bewerbung – Was muss dabei sein? Kreuzen Sie an und sprechen Sie im Kurs.**

☐ Familiengeschichte
☐ Fotos der letzten Arbeitsstelle
☐ Krankenversicherung
☐ Bankverbindung
☐ Empfehlungsschreiben aus dem beruflichen Kontext
☐ Empfehlungsschreiben von Verwandten
☐ Bestätigungen von Fortbildungskursen

☐ Passfoto
☐ Anschreiben
☐ Abschlusszeugnisse
☐ Zeugnis der Grundschule
☐ Lebenslauf
☐ Arbeitszeugnisse
☐ Versicherungskarte

b **Der Lebenslauf – Hier einige Tipps und Informationen zum Selberschreiben. Ordnen Sie 1–6 und a–f zu.**

1. Der Lebenslauf ist das Erste, ____ a) die neusten Informationen meistens zuerst.

2. Der Lebenslauf soll klar ____ b) Fehler in Form und Inhalt enthalten.

3. Der Lebenslauf soll zeigen ____ c) strukturiert sein und optisch gut aussehen.

4. Der Lebenslauf darf keine ____ d) lückenlos sein.

5. Der Lebenslauf muss ____ e) warum Sie für die Arbeitsstelle gut geeignet sind.

6. Im Lebenslauf stehen ____ f) was der Arbeitgeber liest.

c **Das Anschreiben – Arbeiten Sie zu zweit. Lesen Sie die Gliederung und ordnen Sie danach das Anschreiben.**

1. Anrede

2. Einleitung

3. Hauptteil
   – Warum bewerbe ich mich?
   – Warum bin ich der/die ideale Bewerber/in?

4. Schlusssatz

5. Grußformel + Unterschrift

6. Anlagen

_5._ a) Ich freue mich auf ein persönliches Gespräch.
____ b) Ich bin kreativ, teamfähig und offen.
____ c) Hiermit bewerbe ich mich für diese Stelle.
____ d) Zu meinen Stärken gehört auch die Fähigkeit, mich schnell in neue Arbeitsfelder einzuarbeiten.
____ e) Zurzeit mache ich einen Deutsch-Intensivkurs an der VHS Bochum.
____ f) Sehr geehrte Damen und Herren,
____ g) Lebenslauf
     Kopie des Schulabschlusszeugnisses
     Kopie des letzten Arbeitszeugnisses
____ h) Im Sommer werde ich den Integrationskurs abschließen.
____ i) Ich gehe gerne mit Menschen um, arbeite oft am Computer und lese in meiner Freizeit viel, um mich über die aktuelle wirtschaftliche Lage zu informieren.
____ j) mit Interesse habe ich Ihre Anzeige vom 12.03. in der Tageszeitung gelesen.
____ k) Mit freundlichen Grüßen
____ l) Sie bieten eine Stelle als Einzelhandelskauffrau an.
____ m) Besonders interessant finde ich an der Stelle, dass man in verschiedenen Bereichen des Einzelhandels arbeiten kann.
____ n) Ich spreche Deutsch auf Niveau B1. Meine Muttersprache ist Suaheli und ich spreche sehr gut Englisch (C1).

TIPP Egal, wie gut Sie schon Deutsch sprechen und schreiben: Ihre Bewerbungsunterlagen sollten Sie immer von Muttersprachlern kontrollieren lassen.

8 Ein Bewerbungsgespräch führen

a Diese Elemente finden Sie in vielen Bewerbungsgesprächen. Bringen Sie sie in eine sinnvolle Reihenfolge.

- ☐ Klärung von Finanzfragen
- ☐ Erklärung der Tätigkeit
- ☐ Verabschiedung und evtl. Termin für Rückmeldung
- ☐ Fragen zur Berufsbiografie
- ☐ Zusätzliche Fragen des Bewerbers / der Bewerberin über die Tätigkeit
- ☐1 Begrüßung und erstes Kennenlernen

⊙ 44 b Hören Sie nun Ausschnitte aus einem Bewerbungsgespräch mit Frau Stankova. Stimmt Ihre Reihenfolge mit den Gesprächsausschnitten überein?

⊙ 45 c Hören Sie noch ein Bewerbungsgespräch. Frau Ortiz macht einiges falsch. Finden Sie heraus, was.

Ortiz: Guten Tag.

Soest: Guten Tag, ich nehme an, Sie sind Frau Ortiz. Nehmen Sie bitte Platz. Wir haben ja schon miteinander telefoniert. Sie interessieren sich also für die Stelle als kaufmännische Angestellte. Möchten Sie einen Kaffee?

Ortiz: Ja gerne, ich habe nämlich noch nicht gefrühstückt. Sie haben ja ein schönes Büro!

Soest: Danke, ja … gut, ich sehe in Ihren Papieren, dass Sie zuletzt in Stuttgart gearbeitet haben. Erzählen Sie doch mal, was Sie beruflich bisher gemacht haben.

Ortiz: Beruflich? Eine ganze Menge. Also, zuerst war ich in Augsburg. Da habe ich in einer kleinen Import-Firma gearbeitet. Das war eine tolle Zeit. Die Kollegen waren nett und das Betriebsklima war super, wir hatten viel Spaß miteinander …

Soest: Ja, gut. Und jetzt suchen Sie hier in Ravensburg eine Stelle?

Ortiz: Tja, was soll ich machen? Ich habe halt Ihre Anzeige im Internet gefunden. Eigentlich wollte ich ja lieber in Stuttgart bleiben, aber da habe ich leider nichts Passendes gefunden.

Soest: Haben Sie denn Fragen zu der Stelle?

Ortiz: Ja. Wie ist das mit den Arbeitszeiten und mit dem Urlaub?

Soest: Tja, 39 Stunden die Woche und 30 Tage Urlaub im Jahr. Überstunden werden durch Freizeit ausgeglichen.

Ortiz: Klingt o. k.

Soest: Lassen Sie uns zum Schluss über die Finanzen sprechen. Welche Vorstellungen haben Sie?

Ortiz: In Stuttgart habe ich zum Schluss 2500 Euro verdient. Ich denke, dass 3000 bis 3200 für den Anfang in Ordnung wären.

Soest: Na gut, das werden wir noch sehen. Frau Ortiz, Sie hören von uns.

Ortiz: O. k., super. Sie haben ja meine Telefonnummer.

d Markieren Sie im Dialog, was Frau Ortiz falsch macht, und schreiben Sie Alternativvorschläge. Hören Sie eventuell noch einmal das Bewerbungsgespräch mit Frau Stankova zum Vergleich.

e Sammeln Sie Redemittel zu den Gesprächsteilen in 7a. Suchen Sie dann eine Stellenanzeige aus der Zeitung, die Sie interessiert, und spielen Sie ein kurzes Bewerbungsgespräch.

Haben Sie uns gut gefunden?

Ja, kein Problem. Sie hatten mir ja eine gute Wegbeschreibung geschickt.

9 Weiterbildungsgeschichten

a Lesen Sie die Geschichten und notieren Sie die wichtigsten Stationen im Leben von Paolo und Samah.

Paolo Fini

Ich bin 1978 in der Nähe von Neapel geboren. Mein Vater kam 1983 nach Deutschland. Ich bin in Amorbach aufgewachsen und in die Schule gegangen. Ich habe einen Hauptschulabschluss und danach eine Lehre als Installateur gemacht. Seit meinem 18. Lebensjahr habe ich einen deutschen Pass. Meine erste Firma hat nach drei Jahren zugemacht. In meinem gelernten Beruf konnte ich keine gute Arbeitsstelle finden und habe nach etwas anderem gesucht. Ich wollte gern in die Metallbranche wechseln. Eine Arbeitsstelle habe ich nicht gleich bekommen, aber einen Praktikumsplatz. Das konnte ich mir leisten, weil meine Frau einen guten Job hatte.

Nach meinem Praktikum bekam ich einen Zeitvertrag über acht Monate. Ende 2009 einen unbefristeten Vertrag.

Ich wollte mich weiterqualifizieren, deshalb begann ich mit der Nachqualifizierung zum Industriemechaniker: dreimal in der Woche dienstags, donnerstags am Abend und samstags den ganzen Tag bei der IHK (Industrie- und Handelskammer). Nach bestandener Gesellenprüfung wollte ich weiterlernen und habe mich bei der Technikerschule und bei der IHK für eine Fortbildung zum Industriemeister Metall angemeldet. Die Ausbildung zum Gas-Wasser-Installateur und meine Arbeitstätigkeit in der Metallbranche wurden zum Glück als Berufserfahrung anerkannt.

Seit 2011 besuche ich Montag, Mittwoch, Freitag und Samstag abends die Meisterschule der IHK. Es wird 2 ½ Jahre dauern, Teil I der Ausbildereignungsprüfung habe ich im Januar 2012 abgelegt.

Samah Ibrahim

2006 musste meine Familie aus dem Sudan fliehen und landete, mehr durch Zufall als geplant, in Deutschland. 2005 hatte ich im Sudan einen dem Abitur vergleichbaren Schulabschluss gemacht und wollte mich gerade an der Universität für ein Medizinstudium einschreiben. Als ich nach Deutschland kam, wusste ich natürlich erst einmal gar nicht, was ich machen sollte. D. h., eines war mir gleich klar: Ich muss die Sprache lernen. Also habe ich einen Intensivkurs an der Volkshochschule gemacht. Gott sei Dank fällt mir Sprachenlernen relativ leicht.

Dann gab es das Problem, dass man meinen Abschluss nicht anerkannt hat. Also habe ich mich für eine Ausbildung als Arzthelferin beworben. Dabei hat mir das Arbeitsamt sehr geholfen. Ich hatte das große Glück, einen Ausbildungsplatz zu bekommen. Das hatte auch den Vorteil, dass ich schon etwas Geld verdienen konnte und dass die Ausbildung Pluspunkte bringt, wenn man später Medizin studieren will. Die Ausbildung ging drei Jahre.

Der Arzt, bei dem ich gelernt habe, hat mir auch mit meinen Papieren viel geholfen. Was da alles gelaufen ist, ist zu kompliziert, um es hier zu erzählen. Jedenfalls wurden meine Zeugnisse am Ende so weit anerkannt, dass ich auf ein Studienkolleg gehen konnte. Nebenher arbeite ich nun weiter in der Arztpraxis. In einem Jahr werde ich mit dem Studienkolleg fertig sein und dann hoffe ich, dass ich endlich mit dem Studium anfangen kann. Wenn alles gut läuft, dann bin ich in 10 Jahren Kinderärztin.

b Schreiben Sie Fragen zum Text und fragen Sie sich gegenseitig im Kurs.

> Welchen Schulabschluss hat Paolo?

> Was wollte Samah nach der Schule machen?

c Haben Sie bereits Erfahrungen mit Weiterbildung? Berichten Sie darüber.

> Ich habe in meiner Heimat bei einer Versicherung gearbeitet.
> In Deutschland konnte ich in diesem Bereich bisher nicht arbeiten, deshalb besuche ich jetzt …

10 Sich über Aus- und Weiterbildungsangebote informieren

a Lesen Sie die Weiterbildungsangebote. Welches interessiert Sie? Warum?

---

① Fachberater/in im Vertrieb

Voraussetzung: Interesse an Verkauf und Vertrieb

Für IHK-Prüfung: Ausbildung in einem kaufmännischen Beruf

Beginn: jederzeit

Dauer: 18 Monate

Zeitaufwand: 6 Std. pro Woche

Seminare: 6-tägiges Prüfungsvorbereitungsseminar

Abschluss: WBZ-Zertifikat und IHK-Zertifikat bei bestandener Prüfung vor der IHK

Kosten: auf schriftliche Anfrage
Kosten können evtl. steuerlich geltend gemacht werden

---

② Wellnessberater/in (IHK-Zertifikat)

Sie eignen sich medizinisches Grundlagenwissen an, erfahren den Zusammenhang zwischen Psychologie und dem Effekt von Wellness.

Weiterhin lernen Sie, wie Sie ein Wellnessprogramm konzipieren und eine kompetente Beratung zur Lebensführung durchführen können. Darüber hinaus lernen Sie ein Verkaufsgespräch sinnvoll zu führen und beschäftigen sich mit steuer- und versicherungsrechtlichen Fragen.

Zielgruppe/Voraussetzungen

Ausbildung in einem Beruf, der durch Kenntnisse im Bereich der Wellnessberatung sinnvoll erweitert oder aufgewertet wird; mindestens einjährige Berufserfahrung
Können Sie die staatliche Bildungsprämie in Anspruch nehmen? Erkundigen Sie sich unter www.bildungspraemie.info.

---

③ Umschulung: Altenpflege

Übernehmen Sie die Pflege älterer Menschen – sorgsam und routiniert.

Der Fernlehrgang vermittelt theoretische und praktische Kompetenzen zu Haushaltsführung, Ernährung und Körperpflege älterer Menschen.

Dauer: 14 Monate

Lehrgang durch Bildungsgutschein der Agentur für Arbeit förderungsfähig.

Infos unter 08 00/1 40 11 40

---

④ Xpert Europäischer Computer Pass – Zertifikatskurs

Veranstaltungsort:
Gelnhausen
Gebühr: 234 €

Hessische Arbeitnehmer/innen erhalten ggf. den hessischen Qualifizierungscheck.
Informieren Sie sich unter www.qualifizierungsschecks.de.

---

⑤ Umschulung Elektrotechnik

Abschluss: IHK Prüfung
Veranstalter: BiM Marburg
info@bim.org

Dauer: 24–36 Monate (Vollzeit/Teilzeit)

Kosten/Förderung: Infos auf Anfrage.

Hinweis: Im Ausnahmefall ist der Einstieg für Berufsgruppenfremde möglich.

---

b Lesen Sie die E-Mail. Zu welchem Angebot passt sie?

c Sammeln Sie Fragen zu den anderen Angeboten.

d Schreiben Sie eine E-Mail wie in 10b.

Sehr geehrte Damen und Herren,
im Internet habe ich Ihre Anzeige mit Weiterbildungsangeboten gefunden, die mich sehr interessieren. Ich habe in meiner Heimat als Elektriker gearbeitet, aber meine Qualifikation wird in Deutschland bisher nicht anerkannt. Daher möchte ich eine Ausbildung machen, die zu einem qualifizierten Abschluss führt. Verstehe ich es richtig, dass Sie das anbieten?
In Ihrer Anzeige habe ich keine Angaben über die Kosten gefunden. Können Sie mich darüber bitte informieren. Und können Sie mir sagen, ob die Agentur für Arbeit diese Ausbildung fördert?
Mit freundlichen Grüßen
Sandor Kovac

Nützliche Wörter und Ausdrücke

a Schreiben Sie in Ihrer Sprache.

Über Erfahrungen und Interessen sprechen

Ich habe bereits Erfahrungen in …

Ich wurde dafür bewundert/gelobt, dass …

Als besonderen Erfolg empfinde ich, dass …

Zukünftig wichtig für mich ist …

Persönliche Stärken benennen

Ich bin kreativ/kommunikativ/belastbar/…

Zu meinen Stärken gehört …

Ich kann gut mit Menschen umgehen / …

Der Beruf passt zu mir, weil …

Ich kann mir gut vorstellen, als … zu arbeiten.

Ein Bewerbungsgespräch führen

Mich würde interessieren, wie die Arbeitszeiten bei Ihnen strukturiert sind.

Haben Sie Gleitzeit/Schichtdienst/…?

Wie sieht es mit dem Gehalt aus?

Bis wann denken Sie denn, dass Sie zu einer Entscheidung kommen?

Vielen Dank. Ich freue mich, wenn es klappt.

Informationen zur Weiterbildung erfragen

Wird mein Abschluss hier anerkannt?

Welche Voraussetzungen muss ich mitbringen?

Können Sie mir bitte Informationen zu der Ausbildung/Weiterbildung zukommen lassen?

b Weitere wichtige Wörter und Sätze für Ihre Bewerbung – Schreiben Sie.

Deutsch

Ihre Sprache

c Zusammengesetze Wörter: Welche Wörter sind enthalten? Ergänzen Sie weitere Wörter aus den Anzeigen auf Seite 45 und 49.

serviceorientiert	*der Service + orientiert*
die Berufserfahrung	
die Vollzeitstelle	
der Bildungsgutschein	

TIPP Fachtexte und Stellenanzeigen enthalten viele zusammengesetzte Wörter: Schauen Sie sich die Wortteile genau an und überlegen Sie dann: Was könnte das Wort bedeuten?

Voll + Zeit + Stelle: Eine Stelle, bei der man die volle Zeit arbeiten muss. In Deutschland sind das etwa 39 Stunden.

d Ordnen Sie die Wörter in die Tabelle. Was passt noch? Ergänzen Sie weitere Wörter.

Anschreiben • Lebenslauf • Anlagen • Zeugnisse • Referenzen • Zeitungsanzeigen • Kontakte • Internetrecherche • Kleidung • gute Vorbereitung • kommunikativ

Stellensuche	Schriftliche Bewerbung	Bewerbungsgespräch	Persönliche Stärken
	das Anschreiben,		

e Wählen Sie ein Wort aus einer Stellenanzeige aus. Klären Sie die Bedeutung mit dem Wörterbuch. Erklären Sie das Wort dann auf Deutsch.

f Schreiben Sie Wortschatzkarten: auf eine Karte das neue Wort und auf die nächste Karte die Erklärung auf Deutsch. Mischen Sie die Karten und spielen Sie wie bei Memory.

Ich bin kreativ.

Ich habe gute Ideen.

Block A – Service

⊙ 2
Aufgabe 1b und 1c
Dialog 1
- ● Hotel Residenz, mein Name ist Gertrude Thomson, was kann ich für Sie tun?
- ○ Guten Tag, mein Name ist Simone Abt, ich rufe für die Firma NeoData an. Haben Sie vom 17. bis zum 21.5. sechs Zimmer frei?
- ● Einzelzimmer oder Doppelzimmer?
- ○ Sechs Einzelzimmer und wir brauchen auch einen Tagungsraum für 10 Personen.
- ● Lassen Sie mich schauen. Also, die Zimmer habe ich. Ab wann brauchen Sie denn den Raum?
- ○ Den Tagungsraum brauchen wir am 18., 19. und 20. Mai, jeweils von 9 bis 19 Uhr.
- ● Ja, das geht. Können Sie mir bitte Ihre Daten geben?
- ○ Das ist die Firma NeoData, mein Name ist Simone Abt. Wie ist Ihre E-Mail Adresse? Ich würde Ihnen nämlich dann die Liste mit den Namen per E-Mail schicken.
- ● Ja, das ist gut, schicken Sie die E-Mail bitte an residenz.reservierung@hotelberlin.com. Mein Name ist Gertrude Thompson.
- ○ Danke, Frau Thomson. Ich mache das gleich fertig und schicke es Ihnen.

⊙ 3
Dialog 2
- ● Restaurant zum Weißen Bock, Rossi, was kann ich für Sie tun?
- ○ Ich hätte gern für heute 18 Uhr einen Tisch für 5 Personen.
- ● Das tut mir leid, um 19 Uhr ist schon alles belegt. Da haben wir einen Empfang.
- ○ Mhm. Das ist aber schade. Wann haben Sie denn etwas frei?
- ● Ab 20 Uhr ist wieder etwas frei. Oder dann morgen um 19 Uhr?
- ○ Gut, dann 20 Uhr.
- ● Auf welchen Namen?
- ○ Mein Name ist Roschke, ich rufe für die Firma MediaData an. Wir sind zu fünft.
- ● Danke, Frau Roschke, ich habe für Sie reserviert: 20 Uhr, 5 Personen, Firma MediaData.
- ○ Danke sehr. Auf Wiederhören.
- ● Auf Wiederhören.

⊙ 4
Dialog 3
- ● Pizzeria Da Mario, guten Abend.
- ○ Guten Tag, ich möchte einen Tisch reservieren.
- ● Ja, gerne, für welchen Tag?
- ○ Für morgen zu Mittagessen.
- ● O. k., das ist Freitag der 12. Um 12 Uhr?
- ○ Nein, 12 ist zu früh. Wir kommen gegen 13 Uhr.
- ● Kein Problem. Und für wie viele Personen?
- ○ Wir sind sechs Personen oder vielleicht sieben.
- ● Entschuldigen Sie, ich habe nicht ganz verstanden, wie viele Personen ...
- ○ Reservieren Sie bitte einen Tisch für sieben.
- ● Und für wen darf ich reservieren?
- ○ Steuerbüro Würth, mein Name ist List, Tina List.
- ● Ja, das geht in Ordnung. Ich wiederhole nochmal: Freitag 12. Mai, 13 Uhr, Steuerbüro Würth, sieben Personen. Richtig?
- ○ Ja, das ist richtig.

⊙ 5 **Dialog 4**
- ● Hotel Sonnenschein, mein Name ist Ono Mayer, was kann ich für Sie tun?
- ○ Guten Tag, mein Name ist Theo Stern. Ich hätte gern zwei Doppelzimmer für das kommende Wochenende reserviert, geht das?
- ● Mhm, das kommt darauf an, wann wollen Sie denn anreisen, 12.5.?
- ○ Ja, am Freitag.
- ● Das tut mir leid. Von Freitag auf Samstag habe ich nur noch ein Doppelzimmer frei.
- ○ Das ist aber blöd. Was mache ich denn da? Und wie ist es am Wochenende von 19.–21. Mai?
- ● Das geht, da habe ich noch einiges frei.
- ○ Gut, dann nehme ich das.
- ● Und für wen darf ich reservieren?
- ○ Mein Name ist Theo Stern.
- ● Ja, Herr Stern, ich habe also für Sie zwei Doppelzimmer reserviert, vom 19. bis 21 Mai. Können Sie mir noch eine Kontaktadresse geben?
- ○ Ja, meine Telefonnummer ist 0157 30024513.
- ● Haben Sie auch E-Mail?
- ○ Ja, die Adresse ist t.stern@pdf.com
- ● Ich danke Ihnen, Herr Stern, und wir freuen uns auf Ihren Besuch.

⊙ 6
Aufgabe 2a
- ● Haben Sie schon gewählt?
- ○ Nein, noch nicht, können Sie uns etwas empfehlen?
- ● Was hätten Sie denn gerne?
- ○ Ich esse sehr gerne Fisch und meine Partnerin isst am liebsten vegetarisch.
- ● Da würde ich Ihnen den Fisch empfehlen. Der Zander ist heute ganz frisch. Und für Sie hätte ich außerhalb der Speisekarte noch ein Ragout von frischen Steinpilzen im Angebot.
- ○ Das ist gut. Ich nehme den Zander.
- ● Und ich die Steinpilze.

⊙ 7
Aufgabe 3a und 3b
Dialog 1
- ● Bedienung!
- ○ Was kann ich für Sie tun?
- ● Es tut mit leid, aber das Steak ist blutig. Ich hatte durch bestellt.
- ○ Oh, das tut mir leid, ich bringe es sofort zurück in die Küche.
- ● Aber ich kann nicht wieder eine halbe Stunde warten.
- ○ Nein, nein, das wird sofort erledigt.
- ● Danke.

⊙ 8
Dialog 2
- ● Ich habe vorhin diesen Joghurt gekauft, aber das Haltbarkeitsdatum ist abgelaufen.
- ○ Zeigen Sie mir bitte mal die Packung.
- ● Hier: 06.03.
- ○ Oh, entschuldigen Sie bitte. Möchten Sie sich eine neue Packung nehmen oder das Geld zurück?
- ● Das Geld zurück, bitte.
- ○ Dann bräuchte ich bitte einmal den Kassenbon.
- ● Äh, Moment. Oh, ähm, wo habe ich ihn denn hingetan ... Einen Moment. Äh, ja ... Ah! Hier, bitte schön.
- ○ Danke sehr. Haben Sie vielleicht fünf Cent klein?

- Ja, bitte schön.
- ○ Danke schön. Und zwei Euro zurück.

⊙ 9
Dialog 3
- Guten Morgen, was kann ich für Sie tun?
- ○ Guten Morgen? Mein Morgen ist überhaupt nicht gut. Ich habe grauenhaft geschlafen.
- Oh, das tut mir leid. War etwas nicht in Ordnung?
- ○ Allerdings. Bis Mitternacht war auf der Straße ein furchtbarer Lärm und als der weniger wurde, hörte man die Geräusche vom Aufzug erst richtig laut. Ich habe kein Auge zugemacht! Ich bin ja noch eine Nacht im Hotel. Ich möchte auf alle Fälle ein anderes Zimmer. Weit weg vom Aufzug und nach hinten raus.
- Ja, ich schaue gleich nach, was ich machen kann.
- ○ Äh – vielleicht habe ich mich nicht klar genug ausgedrückt. Dieses Zimmer ist eine Unverschämtheit. So etwas habe ich noch nicht erlebt. Ich glaube, Sie rufen jetzt mal besser gleich Ihren Chef, damit ich das mit ihm klären kann.
- Die Chefin kommt in zehn Minuten. Ich schlage vor, dass Sie in den Frühstücksraum gehen und die Chefin kommt dann zu Ihnen.
- ○ Ich habe schon gefrühstückt. Ich warte hier!
- Ja, wie Sie wünschen …

⊙ 10
Aufgabe 6a
Chefin: So, wenn alle da sind, können wir ja anfangen. Wir müssen uns heute ein bisschen beeilen. Wo ist denn Anja?

Halina: Anja kommt heute etwas später. Sie hat gerade angerufen. Ihre S-Bahn hat Verspätung.

Chefin: Gut, dann fangen wir einfach schon mal an. Also, den Schichtplan für nächste Woche habt ihr ja schon erhalten. Gibt es da irgendwelche Änderungswünsche?

Uwe: Ja, also ich möchte meine Schicht am Dienstagabend abgeben. Ich muss auf unsere Tochter aufpassen. Meine Frau ist im Krankenhaus. Tut mir leid, ist etwas kurzfristig, aber das weiß ich erst seit heute Morgen.

Chefin: Mhm, wer kann denn Uwes Dienstagsschicht übernehmen?

Micha: Am Dienstag habe ich Zeit. Kann ich gern übernehmen.

Chefin: Okay, Micha, dann machst du am Dienstagabend Tresen, Uwe bedient den Innenbereich und Halina übernimmt den Biergarten. Sonst noch irgendwelche Änderungen? Ja, Halina?

Halina: Anja und ich möchten Schichten tauschen, das heißt, Anja macht dann den Mittwochabend und ich nehme dafür den Donnerstag.

Chefin: Gut, Halina, dann machst du am Mittwoch Tresen, Uwe den Innenbereich und Micha den Biergarten. Anja übernimmt dann am Donnerstag den Tresen. Alles andere bleibt wie im Plan: Fatma macht den Innenbereich und Micha wieder Biergarten.

Fatma: Bin ich am Montag eigentlich am Tresen oder muss ich kellnern?

Chefin: Moment, Fatma, ich schau mal nach. Also, laut Plan bist du Montag am Tresen, Uwe kellnert im Innenbereich und Halina ist für den Biergarten zuständig. Und am Freitag nochmal genau das Gleiche: Fatma Tresen, Uwe Innenbereich und Halina Biergarten.

Fatma: Also, wenn Halina nichts dagegen hat, würde ich gern tauschen. Ich möchte nicht so gern zwei Abende hintereinander Tresen machen …

⊙ 11
Aufgabe 8b und 8c
Gattner: Guten Tag, Frau Jon, und noch einmal herzlich willkommen bei EssPress. Ich möchte Ihnen nun kurz einen Überblick über die wichtigsten Vorschriften an Ihrem Arbeitsplatz geben. Wenn Sie etwas nicht verstehen, fragen Sie bitte immer gleich nach. Ihre neuen Kolleginnen und Kollegen und die wichtigsten Räume, Toiletten, Pausenraum usw. hat Ihnen ja bereits Herr Kunz vorgestellt, oder?

Jon: Ja, danke, das ist klar.

Gattner: Gut – also, der Arbeitsschutz ist für unseren Betrieb sehr wichtig, weil uns die Gesundheit der Mitarbeiter wichtig ist und weil es für den Ruf unseres Unternehmens bei den Kunden wichtig ist, dass wir uns streng an die Regeln halten. Ihre wichtigsten Kontaktpersonen für alles, was mit dem Arbeitsschutz zu tun hat, sind: Frau Diewald, sie ist ausgebildete Ersthelferin, Herr Kramer vom Betriebsrat und natürlich ich, als Sicherheitsbeauftragte. Die Telefonnummern finden Sie immer neben dem Telefon in allen Arbeitsräumen an der Wand. Wenn ein Arzt gebraucht wird, dann rufen Sie sofort Frau Diewald oder mich an. Wir regeln dann alles Weitere.

Jon: Und was macht die Ersthelferin?

Gattner: Die ist ausgebildet in Erster Hilfe bei einem Unfall, also wenn Sie sich z. B. an der Hand verletzt haben und bluten, dann kann sie Ihnen erste Hilfe leisten.

Jon: Ah ja, danke.

Gattner: So, ich gebe Ihnen hier ein Heft mit wichtigsten Gebots- und Verbotsregeln. Schauen Sie sich das bitte in Ruhe an und fragen Sie mich, wenn etwas nicht klar ist.

Jon: Muss ich die Regeln alle auswendig lernen?

Gattner: Nein, nicht auswendig, aber Sie müssen alle Regeln genau kennen. Es ist eigentlich nicht so schwierig, wenn es doch ein Problem gibt, dann helfen Ihnen die Kollegen oder ich. Es ist für uns sehr sehr wichtig, dass Sie sich immer an die Regeln halten. Es geht um Ihre Sicherheit, um die Sicherheit aller Kollegen und um den guten Ruf des Unternehmens.

Jon: O. k., ich lese mir das genau durch.

Gattner: Einige Punkte möchte ich doch noch besonders betonen:
Sie müssen jede Erkrankung und jeden Unfall im Betrieb oder auf dem Weg zum Betrieb sofort melden. Auch wenn z. B. eine Maschine nicht richtig funktioniert – müssen Sie das sofort sagen. Alle notwendigen Telefonnummern sind in der Informationsbroschüre und hängen neben den Telefonen in den Arbeitsräumen. So, wir sind jetzt an Ihrem Arbeitsplatz. Ihre Aufgabe ist es, diese Verpackungsmaschine für Fertiggerichte zu bedienen. Die konkrete Einweisung wird nachher Herr Droste machen. Hier nur ein paar allgemeine Hinweise:
1. Wir verarbeiten Lebensmittel. Sauberkeit und Hygiene sind oberste Pflicht. Ihre Arbeitskleidung muss immer sauber sein.
2. Sie müssen immer Arbeitshandschuhe und eine Kopfbedeckung tragen. Ihre Arbeitskleidung haben Sie ja schon bekommen.
3. Den Plan mit den Fluchtwegen finden Sie an den drei Ausgängen. Dort hängen auch jeweils Feuerlöscher. Bis hierhin alles klar?

Jon: Was ist ein Feuerlöscher?

Gattner: Das rote Teil, das da rechts neben der Tür hängt, das ist der Feuerlöscher. Herr Droste wird später genau

erklären, wie er funktioniert. Der erklärt Ihnen auch
die Maschine.

Jon: O. k., klar.

Gattner: Wir sind stolz, dass wir seit drei Jahren keinen Arbeits-
unfall in diesem Bereich hatten, aber man muss
aufpassen und konzentriert sein bei der Arbeit. Die
Gerichte, die hier verpackt werden, sind sehr heiß. Es
besteht also Verbrennungsgefahr. Dagegen schützt Sie
Ihre Arbeitskleidung. Auch deshalb ist die absolut
korrekte Arbeitskleidung wichtig.

⊙ 12
Aufgabe 10a
Gespräch 1
- Darf ich mich zu Ihnen setzen?
- Klar, der Stuhl ist noch frei.
- Schön, dass es endlich mal warm ist.
- Ja, das wurde auch Zeit. Sind Sie neu hier?
- Ja, ich habe gestern angefangen. In welcher Abteilung
  arbeiten Sie?
- In der Lebensmittelabteilung, zurzeit beim Gemüse.
- Ich arbeite bei der Damenmode.
- Schon lange?
- Fast zwei Jahre. Woher kommen Sie?
- Aus Polen.
- Sie sprechen aber gut Deutsch.
- Na ja, danke, aber ich lerne noch. Ich hoffe es wird irgend-
  wann besser.

⊙ 13
Gespräch 2
- Darf ich mich zu Ihnen setzen?
- Klar, der Stuhl ist noch frei.
- Arbeiten Sie schon lange hier?
- Äh, ja, fast zwei Jahre.
- Ich bin nämlich neu hier. Ich arbeite in der Lebensmittel-
  abteilung.
- Ah, da kennen Sie sicher Frau Tetzlaff?
- Ja, klar. Haben Sie schon gehört, dass ihr Freund sie
  verlassen hat.
- Mmm.
- Haben Sie Kinder?
- Ich habe zwei.
- ... Nein. Ach, Frau Gattner. Haben Sie einen Moment Zeit?
  Ich müsste Sie was fragen. Entschuldigen Sie, aber ich muss
  gehen.
- Aber Sie haben doch noch ...

Block B – Arbeit im Team

⊙ 14
Aufgabe 1c
Aussage 1

In unserer Kita hier sind Kinder aus 12 verschiedenen
Nationen. Ich finde das sehr interessant, weil ich so ganz
verschiedene Kulturen kennenlernen kann. Den Kindern zu
helfen, damit sie gut sprechen lernen, wird in unserer Arbeit
immer wichtiger. Das gilt nicht nur für die Kinder mit
ausländischem Hintergrund, sondern auch für die deutschen.
Aber natürlich geben wir den Kindern auch Raum und Zeit, um
frei zu spielen. Denn, was wie Spielen aussieht, ist immer auch
Lernen: Sie lernen, zusammenzuarbeiten und Kompromisse zu
machen. Und auch beim Basteln ist es ähnlich: Hier entwickeln
sie die motorische Kompetenz. Außerdem ist uns Elternarbeit
auch sehr wichtig.

⊙ 15
Aussage 2

Ich arbeite mit Menschen, die anders sind. Das ist bereichernd,
manchmal aber auch sehr anstrengend. „Behinderte" hat man
solche Menschen früher genannt. Es sind Menschen, die Hilfe
brauchen, weil sie aufgrund körperlicher, geistiger oder
psychischer Einschränkungen, also Handicaps, nicht allein
zurechtkommen. Ich betreue eine Wohngruppe Erwachsener in
einem Heim. Ich unterstütze sie zum Beispiel bei der Körperpflege, esse mit ihnen, mache mit ihnen Sport und halte auch
den Kontakt zu den Angehörigen. Ich arbeite gerne mit diesen
Menschen, weil sie so ehrlich und direkt sein können wie sonst
kaum jemand – und weil sie mich immer wieder aufs Neue
überraschen.

⊙ 16
Aussage 3

Zu mir kommen Menschen, die seelische Probleme haben und
Hilfe brauchen. Das können Menschen sein, die den Stress im
Beruf nicht mehr aushalten oder die Probleme in Beziehungen
haben, die immer die gleichen Ängste haben, ... In der Therapie
analysieren wir gemeinsam die Ursachen der Probleme und
suchen nach Lösungen. Ziel ist immer, dass die Patienten
psychisch stabiler werden und auf Dauer ihr Leben wieder
selbst in den Griff bekommen können. Es macht mich immer
wieder von Neuem glücklich, Menschen auf diese Weise helfen
zu können.

⊙ 17
Aufgabe 3a
- Hallo und herzlich willkommen zu unserer wöchentlichen
  Teamsitzung. Frau Lipinski hat sich für heute entschuldigt,
  aber sonst sind wir komplett, oder?
- Ja, ich denke schon.
- Ja.
- Ja.
- Gut, dann fangen wir doch einfach an! Also, das sind
  unsere Tagesordnungspunkte heute: Zuerst sprechen wir
  wie immer über Anmerkungen zum letzten Protokoll.
  Dann geht es um die Vorstellung einer neuen Mitarbei-
  terin, und als dritten Punkt müssen wir uns über die
  Tourenpläne unterhalten. Punkt 4 ist dann die Fortbildung
  in Erster Hilfe. Und zum Schluss wie immer Lob und
  Beschwerden. Gibt es dazu Fragen?
- Nein.
- Nein.

⊙ 18
Aufgabe 3b
- Hallo und herzlich willkommen zu unserer wöchentlichen
  Teamsitzung. Frau Lipinski hat sich für heute entschuldigt,
  aber sonst sind wir komplett, oder?
- Ja, ich denke schon.
- Ja.
- Ja.
- Gut, dann fangen wir doch einfach an! Also, das sind
  unsere Tagesordnungspunkte heute: Zuerst sprechen wir
  wie immer über Anmerkungen zum letzten Protokoll.
  Dann geht es um die Vorstellung einer neuen
  Mitarbeiterin, und als dritten Punkt müssen wir uns über
  die Tourenpläne unterhalten. Punkt 4 ist dann die
  Fortbildung in Erster Hilfe. Und zum Schluss wie immer
  Lob und Beschwerden. Gibt es dazu Fragen?
- Nein.
- Nein.

● Gut, dann kommen wir zu Punkt eins. Hat jemand Anmerkungen oder Fragen zum letzten Protokoll?

▲ Also, ich wollte nur berichten, dass alle verlorenen Schlüssel ersetzt worden sind.

● Ja, danke. Bitte denkt daran, immer in die Schlüsselliste einzutragen, wenn ihr von Kunden neue Schlüssel bekommt.

● Mhm.

○ Wird gemacht.

▲ Ja klar.

● Schön. Dann kommen wir zum zweiten Punkt: Die Vorstellung unserer neuen Mitarbeiterin.

● Entschuldigung, bevor wir damit anfangen – ich habe doch noch etwas zum letzten Protokoll.

● Ja, und zwar?

● Ich wollte noch mal zu unserem Sommerfest was sagen. Alle Kunden, mit denen ich darüber gesprochen habe, waren begeistert davon.

△ Ja, das war bei mir ganz genau so.

● Ja, stimmt, meine Kunden fanden es auch sehr schön.

● Wunderbar, danke für diese Rückmeldung. Das heißt, wir werden nächstes Jahr auf jeden Fall wieder so ein Sommerfest machen.

△ Finde ich gut.

○ Ja, ich auch.

● So, jetzt aber wirklich zu unserem nächsten Punkt. Frau Cipriano, können Sie sich eben vorstellen?

▲ Ja, hallo. Also, ich heiße Mariana Cipriano und habe vor einem halben Jahr meine Ausbildung als Altenpflegerin abgeschlossen und freue mich darauf, jetzt hier im Team mitzuarbeiten. Ich werde am Anfang in der zweiten Schicht arbeiten und die Tour von Frau Choi übernehmen, die gerade in Elternzeit ist.

● Ah ja.

△ Schön.

● Danke. Womit wir schon beim dritten Tagesordnungspunkt wären: Tourenpläne. Wir haben ja vor kurzem die Touren neu zusammengestellt, damit ihr alle kürzere Fahrzeiten habt – wie sind da jetzt so eure Erfahrungen?

○ Darf ich dazu gleich was sagen? Ich finde es wirklich eine Erleichterung – nur zu Herrn Leiser, da muss ich so weit fahren, der würde doch viel besser in die Tour von Svenja passen, oder? Svenja, was meinst du dazu? Dafür könnte ich ja von dir Frau Ossenbrink übernehmen.

▲ Da sehe ich folgendes Problem: Für mich liegt Frau Ossenbrink ganz praktisch direkt auf dem Heimweg, da würde ich nur ungern tauschen.

● Ich schlage vor, solche Details klären wir individuell. Aber ich würde zu diesem Thema gerne noch andere Meinungen hören.

△ Ja, ich will dazu gerne etwas sagen. Also, ich finde, es ist auf jeden Fall besser als vorher, aber mein Wunsch ist weiterhin, dass es auch eine Tour gibt, die man mit dem Fahrrad machen kann.

▲ Kann ich dazu auch meine Meinung äußern? Ich würde auch sehr gerne so eine Tour mit dem Fahrrad machen.

○ Im Moment geht das organisatorisch leider nicht, aber bei der nächsten neuen Planung werden wir versuchen, das zu berücksichtigen.

● Danke. Dann kommen wir zum nächsten Punkt, das ist die Fortbildung am 28. Mai, der Erste-Hilfe-Kurs. Ihr wisst ja sicher alle, dass ihr einmal pro Jahr einen Erste-Hilfe-Kurs machen müsst, um eure Kenntnisse zu aktualisieren.

△ Echt?

● Wirklich?

● Ja, das machen wir doch schon immer so.

○ Stimmt.

▲ Darf ich mal was fragen? Was ist, wenn ich zu dem Termin nicht kann? Wir feiern da silberne Hochzeit.

● Oh, na dann herzlichen Glückwunsch. Es gibt in drei Monaten einen zweiten Termin, und alle, die im Dienst oder im Urlaub oder sonst wie verhindert sind, können dann daran teilnehmen.

▲ Okay. Und das erfahren wir dann auch rechtzeitig vorher, oder?

● Ja natürlich. So, dann noch zum letzten Punkt: Lob und Beschwerden. Ein großes Lob an Svenja und Marie, die Herrn Behrendt so gut gepflegt haben. In der letzten Zeit war das ja sehr intensiv. Herr Behrendt ist jetzt in einer stationären Pflegeeinrichtung und wird dort weiter betreut. Seine Angehörigen haben sich extra noch mal bei mir für die gute Arbeit bedankt.
Gut, dann war's das für heute! Vielen Dank – und wir sehen uns nächste Woche wieder!

● Schon?

● Ja, klar, das ist doch immer so. Also schönen Tag noch und bis dann!

▲ Bis dann!

○ Bis dann!

○ Tschüs.

⊙ 19

Aufgabe 4c und 4d
Dialog 1

● Guten Abend, Herr Reinhard.

○ Guten Abend, Thomas.

● Darf ich den Fernseher mal kurz ein bisschen leiser machen?

○ Ja, gleich. Ich möchte nur noch die Sportnachrichten sehen.

● O. k., so viel Zeit muss sein.

● Gab's denn etwas Interessantes?

○ Nur Fußball, das muss ich einfach sehen. Jetzt kann ich ja nicht mehr laufen, aber ich war ein guter Fußballspieler.

● Ich finde, Sie sind immer noch ziemlich fit.

○ Ach ja, schön wär's.

● Ich drehe Sie jetzt einmal um, ja? Sie helfen ein bisschen mit? Ja, sehen Sie, das geht doch richtig gut.

○ Wenn Sie so weitermachen, stehe ich gleich auf und spiele Fußball mit der Rolle Klopapier.

● Uhh ja, ich mach mit. Jetzt muss ich mal weiter, aber ich sehe Sie nachher nochmal, ja? Bis später dann. Hier ist die Fernbedienung.

○ Danke. Bis später dann.

⊙ 20

Dialog 2

● Guten Morgen, Frau Müller. Wie haben wir denn geschlafen?
Was, nicht gut geschlafen?

○ Bitte gehen Sie.

● Na, jetzt werden wir uns erst mal frisch machen und dann was essen und dann sieht die Welt schon besser aus. Und Kaffee gibt es auch noch.

○ Ich will nichts essen.

● Was, nichts essen? Wo kommen wir denn dahin? Mund auf.

○ Ich will nichts essen, und ich bin auch kein Kind mehr.

● Na dann eben nicht. Und hören Sie mal: Für uns ist das hier auch nicht einfach. Wir sind immer zu wenige Leute, haben immer viel zu viel zu tun. Was glauben Sie, wie das für uns ist?

○ Sie brauchen nicht zu schreien. Ich bin doch nicht taub.

⊙ 21
Aufgabe 5a

- Ach, schön, dass du auch mal kommst! Immer kommst du zu spät! Das ist total unkollegial von dir! Du weißt doch, was für ein Stress das für mich hier ist, allein mit zwanzig Kindern!
- Jaa, 'tschuldigung. Diese blöde S-Bahn streikt schon wieder, da kann ich doch nichts dafür.
- Dann musst du eben früher aufstehen. Ich schaffe es doch auch immer, pünktlich hier zu sein.
- Du wohnst ja auch gleich hier um die Ecke, da würde ich das auch schaffen!
- Na, das ist jetzt aber echt unverschämt! Wenn das so weitergeht, rede ich heute noch mit der Chefin!
- Ja, mach doch! Ich würde eh viel lieber in einer anderen Gruppe arbeiten, da sind die Kolleginnen auch viel netter!

⊙ 22
Aufgabe 5b

- Guten Morgen, Melanie.
- Hallo Karin.
- Was war denn heute los? Warum kommst du eine halbe Stunde zu spät? Gestern und vorgestern warst du auch nicht pünktlich, oder?
- Tut mir wirklich leid, aber die S-Bahn hat gestreikt und heute ist eine halbe Stunde kein Zug gefahren.
- Darf ich dir dazu was sagen? Es ist jetzt schon das dritte Mal hintereinander, dass du zu spät kommst. Ich kann verstehen, dass es für dich morgens nicht einfach ist, weil du so weit weg wohnst. Aber ich ärgere mich, wenn du zu spät kommst, weil es für mich wirklich stressig ist, morgens hier mit zwanzig Kindern allein zu sein.
- Ja, das verstehe ich. Ich rede mal mit meinem Mann, ob ich morgen das Auto haben kann, dann schaffe ich es bestimmt, pünktlich zu kommen.
- Gut, danke.
- Dank dir für dein Verständnis!

⊙ 23
Aufgabe 5c

- Hallo Achim! Hast du bitte einen Moment Zeit? Ich wollte was mit dir besprechen.
- Hi Stella! Ja, gerne. Worum geht es denn?
- Also, ich war gestern nach dir in Zimmer 3, und da lag noch das Handtuch von deinem Patienten. Wenn das einmal passiert, ist das kein Problem. Dann räume ich das schnell weg. Aber das war leider nicht das erste Mal. Deshalb wollte ich dich bitten, in Zukunft das Behandlungszimmer immer aufzuräumen.
- Oh, Entschuldigung! Weißt du, ich musste gestern ganz schnell zu einem Hausbesuch und war eh schon zu spät dran. Da habe ich das einfach vergessen. In Zukunft werde ich das natürlich machen.
- Ja, das wäre nett!

⊙ 24
Aufgabe 9c

- Guten Tag, Frau Kessler. Schön, dass Sie sich Zeit genommen haben.
- Ist doch selbstverständlich. Sie haben am Telefon gesagt, dass Sie wegen Überlastung mit mir sprechen wollen. Können Sie mir die Situation beschreiben?
- Ja, sicher. Also: Wir haben da ein dickes Problem. Wir arbeiten unter enormem Zeitdruck und können keine Pausen machen. Und vor allem haben wir keine Zeit, uns wirklich um die Leute zu kümmern.

- Ja, ich höre das auch von anderen Kolleginnen und Kollegen.
- Wir sind so gestresst, dass wirklich mal was schiefgehen kann. Ich will das dann nicht ausbaden.
- Was meinen Sie, woran liegt es wirklich?
- Mhm, der Grund für unsere Überlastung ist, dass wir zu wenige Leute sind. Dabei ist die Arbeitsbelastung viel schlimmer als früher. Wir können nur ordentlich arbeiten, wenn es weniger wird.
- Wären Sie damit einverstanden, sich mal mit der Geschäftsleitung zusammenzusetzen?
- Wenn der Betriebsrat dabei ist, hab ich nichts gegen ein Gespräch mit den Chefs.
- Gut, dann kümmere ich mich mal um einen Termin. Ich sage Ihnen dann Bescheid.

Block C – Handwerk und Industrie

⊙ 25
Aufgabe 2c und 2d
Aussage 1

Ich prüfe die Textilien, die in der Fabrik hier hergestellt werden, auf Fehler. Ich kann mich gut konzentrieren. Das ist wichtig, weil es sehr laut ist wegen der Maschinen. Auf dem Foto da prüfe ich zum Beispiel gerade ein Stück Stoff. Wenn ich einen Fehler entdecke, muss ich sofort meine Chefin informieren, damit durch den Fehler nicht haufenweise Stoffballen ruiniert werden. Wenn die Maschine falsch eingestellt war, muss der Stoff noch einmal neu produziert werden. Die Maschinen müssen gut ausgelastet sein, deshalb arbeiten wir im Schichtdienst. Ich finde das o. k., weil ich ein flexibler Typ bin. Aber was mich stört ist, dass wir oft Überstunden machen müssen. Die Liefertermine müssen nämlich auf jeden Fall eingehalten werden.

⊙ 26
Aussage 2

Ich arbeite in einem Elektro-Hersteller im Lager. Ich sortiere und verpacke die Waren und bereite sie zum Versand vor. Ein Freund von mir muss auch beim Be- und Entladen von LKWs helfen, das ist körperlich schwere Arbeit, nix für mich. Aber dafür helfe ich auch beim Reinigen der Maschinen. Ich bin froh, dass ich diesen Job gefunden habe, weil ich noch keinen Ausbildungsplatz gefunden habe.

⊙ 27
Aussage 3

Auf dem Bild stehe ich gerade an der Milchmaschine. Ich finde es immer noch spannend, wie aus der rohen Milch ein fertig verpacktes Produkt wird, das im Kühlregal liegt. Ohne Maschinen geht das nicht, weil die Produkte ja in großen Mengen hergestellt werden. Hygiene spielt bei uns die Rolle. Da gibt es viele gesetzliche Vorgaben. Dazu gehört natürlich auch, dass wir Arbeitskittel, Arbeitsschuhe und eine Kopfbedeckung tragen. Wir reinigen auch die Maschinen und da verwenden wir ziemlich aggressive Desinfektionsmittel. Ohne Schutzkleidung geht das nicht.

⊙ 28
Aussage 4

Ich arbeite in der KFZ-Industrie, in einem riesigen Betrieb mit vielen Berufen. Wir fertigen die Sitze, die Seitenbekleidungen und so weiter. Wir schneiden, nähen und kleben Stoffe, Kunststoffe, Leder usw. Auf dem Foto schreibe ich Fehler in den Computer. Ich mag meinen Beruf.
Ja, es ist laut wegen all der Maschinen und Anlagen, aber das geht noch. Schlimm ist das Arbeiten in gebückter Haltung bei der Inneneinrichtung der Fahrzeuge, das kann man nicht lange aushalten.

Aufgabe 6a und 6b

- Rosen.
- ○ Witte, guten Morgen, Frau Rosen. Ich habe Ihnen …
- Ich habe Sie nicht verstanden, wie war Ihr Name?
- ○ Witte. W – I – Doppel-T – E.
- Witte. Ja, jetzt weiß ich es, Sie haben mir das Angebot für die Regenrinne geschickt.
- ○ Ja, entspricht das Angebot Ihren Wünschen?
- Also, na ja, ich finde die ganze Sache schon etwas zu teuer. Ich habe für das Gartenhäuschen selbst nur 500,– Euro bezahlt, da kann ich doch keine 980,– Euro in eine Regenrinne investieren.
- ○ Wie bitte? Liebe Frau Rosen, da liegt aber doch sicher ein Missverständnis vor. Wie groß ist Ihr Gartenhaus bitte noch einmal?
- Naja, nicht sehr groß, ich kann gerade drin stehen. Aber für meine Gartensachen ist das gerade groß genug.
- ○ Können Sie mir sagen, wie groß die Grundfläche ist?
- Mhm, ich denke, die Fläche ist ungefähr 1,20 auf 1,80 m.
- ○ Das wären dann ca. 4 m Dachrinne, nicht?
- Ja, das hab ich doch in der Anfrage geschrieben.
- ○ Nein, in der Anfrage stand 40 m Dachrinne. Also, dann wäre der Preis ja sehr viel niedriger.
- Was würde das dann kosten?
- ○ Ich berechne das kurz und rufe Sie dann zurück. Aber ich würde mal sagen, etwa 100,– Euro.
- Ja, das ist ja was ganz anderes.
- ○ Und ich kann Ihnen einen Rabatt von 10 % geben, wenn Sie sich bis zum Ende des Monats entscheiden.
- Das wäre nicht schlecht.
- ○ Wissen Sie was, ich komme kurz bei Ihnen vorbei, schaue mir das Gartenhäuschen mal an und nehme das Aufmaß.
- Was ist denn bitte das Aufmaß?
- ○ Ich meine, ich messe das Haus mal aus, dann kann ich Ihnen genau sagen, was die Dachrinne kosten wird.
- Gut. Können Sie heute Nachmittag noch …

Aufgabe 7c

- Kappel und Kappel GmbH, Martini, was kann ich für Sie tun?
- ○ Schulte, Bürobedarf XXL. Ich rufe wegen der Falschlieferung an. Ich habe gerade Ihre E-Mail gelesen. Frau Martini, gut, dass ich Sie gleich am Apparat habe. Bitte entschuldigen Sie das Versehen.
- Das kann ja mal vorkommen.
- ○ Naja. So etwas sollte aber nicht passieren. Ich bedaure den Fehler jedenfalls sehr.
- Es wäre nicht so schlimm, wenn wir nicht gerade eine Produktpräsentation vorbereiten müssten. Da brauchen wir den Toner ganz dringend.
- ○ Wie finden wir da eine Lösung? Warten Sie. Ich könnte ihn heute Nachmittag noch per Kurier liefern lassen.
- Ja, das wäre sehr hilfreich.
- ○ Könnten Sie mir Ihre Kundennummer noch einmal nennen?
- Das ist die 88894470.
- ○ Danke. Ich schicke eine zusätzliche Kartusche mit, als kleines Dankeschön für Ihr Verständnis.
- Das ist sehr nett von Ihnen.
- ○ Also, ich mach das gleich fertig und schick den Fahrer los. Er kann ja das Kopierpapier auf dem Rückweg mitbringen.
- Ja, ich geb's ihm dann mit.
- ○ Vielen Dank noch einmal, Frau Martini.

Aufgabe 9a und 9b
Gespräch 1

- Uhh, guck mal da, das Teil.
- ○ Wird teuer.
- Ist nicht auf dem Auftrag. Sag mal dem Chef Bescheid. Er muss das abklären.
- ○ O. k.

Gespräch 2

- Chef, bei dem Mazda gibt's ein Problem. Die Lichtmaschine ist hinüber. Muss ausgewechselt werden.
- ● Das ist der Wagen von Frau Mitnick.
- Ja, eine Inspektion.
- ● Die Evi soll da mal anrufen. Diese Woche schaffen wir das nicht mehr. Ach, lass mal, ich mach das selbst.

Gespräch 3

- ● Hier Kranz vom KFZ Meisterbetrieb. Frau Mitnick, ich habe leider eine unerfreuliche Nachricht. Die Lichtmaschine in Ihrem Mazda ist defekt und muss ersetzt werden.
- ○ Die Lichtmaschine? Das ist bestimmt nicht billig. Muss denn das sein?
- ● Ja, sonst können Sie demnächst nicht mehr starten. Allerdings benötigen wir Ihr Einverständnis für die Reparatur.
- ○ Kann ich davon ausgehen, dass ich den Wagen zum Wochenende wieder zurückhabe?
- ● Diese Woche können wir das auf keinen Fall erledigen.
- ○ Aber ich brauche mein Auto am Sonntag unbedingt!
- ● Wäre es möglich, dass Sie Ihr Fahrzeug am Samstag um 12.00 Uhr abholen? Bis dahin müssten wir das hinbekommen. Ich sage in der Werkstatt Bescheid.
- ○ Na gut. Ich bin dann am Samstag bei Ihnen.

Aufgabe 10b
Telefongespräch 1

- Änderungsschneiderei Nowak, guten Tag?
- ○ Hallo, hier spricht Rothemann. Ich habe eine Bitte: Ich habe da doch diesen Rock bei Ihnen zum Kürzen. Ich habe da noch mal drüber nachgedacht, und ich hätte ihn jetzt doch gern nur fünf Zentimeter kürzer, nicht zehn.
- Äh, Moment mal. Ja, ich glaube, ich erinnere mich daran. Der Rock ist grün, oder?
- ○ Ja, genau. So petrolgrün.
- Sie haben Glück, den haben wir noch nicht geändert. Ich bin ab morgen in Urlaub, aber ich schreibe meiner Kollegin auf, dass sie ihn nur fünf Zentimeter kürzer macht.
- ○ Vielen Dank, das ist nett von Ihnen.
- Keine Ursache!

Telefongespräch 2

- Firma Hohmann, Schmied am Apparat, guten Tag?
- ○ Tag, Frau Schmied, Johansen hier von der EDV-Abteilung. Ich wollte eigentlich Frau Gräf sprechen, die sitzt doch bei Ihnen im Zimmer, oder?
- Ja, schon, aber sie musste heute ihren Sohn früher abholen.
- ○ Ah ja. Können Sie ihr vielleicht was ausrichten?

● Ich sehe sie erst morgen Nachmittag, weil ich morgen Früh einen Arzttermin habe, aber ich kann ihr einen Zettel schreiben.
○ Ja, das wäre nett. Dann richten Sie ihr doch bitte aus, dass ich morgen um 11 Uhr zu ihr kommen kann. Sie hatte ein Problem mit der Datensicherung, und dann kann ich ihr das erklären.
● Gut, Herr Johansen, ich schreibe gleich den Zettel.
○ Danke!
● Gern geschehen!

⊙ 36
Telefongespräch 3
● Schwichtmann GmbH, Prechal am Apparat. Was kann ich für Sie tun?
○ Guten Tag, Rudolf von der Altstadt-Druckerei hier. Bin ich mit Ihnen richtig verbunden? Es geht um den Druckauftrag für die Werbebroschüren.
● Da sind Sie bei mir leider nicht richtig. Aber Herr Haak, der dafür zuständig ist, ist leider nicht mehr im Haus.
○ Ich müsste dringend mit ihm sprechen. Könnten Sie ihm etwas ausrichten?
● Natürlich.
○ Sagen Sie ihm doch bitte, dass wir die Broschüren diese Woche nicht mehr liefern können. Wir hatten ein größeres technisches Problem.
● Oh, das ist unangenehm. Ich lege ihm einen Zettel auf den Schreibtisch und er kann Sie dann gleich morgens anrufen.
○ Ja, bitte. Also, das ist die Altstadt-Druckerei, mein Name ist Rudolf, die Nummer ist 0177 88854.
○ Ist schon notiert.
● Dann danke ich Ihnen sehr, Frau Prechal.
○ Gern geschehen.

Block D – Berufliche Ziele

⊙ 37
Aufgabe 2a und 2b
Magda
Ich arbeite gern mit Leuten zusammen. Zurzeit kellnere ich ab und zu in einer Pizzeria, aber hauptsächlich bin ich mit Deutschlernen beschäftigt. Der Kurs geht noch fast ein Jahr und danach möchte ich ein Jahr Praktikum in einem Hotel machen. Ich möchte gern Hotelkauffrau werden. Die Ausbildung dauert drei Jahre und danach möchte ich in einem schicken Hotel arbeiten und Geld verdienen. Und dann hoffe ich, dass ich einen netten Mann kennenlerne, mit dem ich eine Familie gründen kann.

⊙ 38
Milan
Seit einem halben Jahr bin ich arbeitslos und nutze die Zeit um mein Deutsch zu verbessern. Es ist schwer eine Arbeit zu kriegen, wenn man nicht gut Deutsch spricht. Ich hoffe, dass ich in einem Jahr sehr gut Deutsch spreche und einen guten Job finde. Dann möchte ich ein paar Jahre arbeiten und Geld sparen. Danach möchte ich mich selbstständig machen, mit einem kleinen Laden oder Kiosk oder so. Ein Freund von mir hat das auch gemacht. Am Anfang ist es zwar sehr viel Arbeit, aber wenn es erst mal läuft, verdient man gut. Wenn ich das geschafft habe, möchte ich heiraten und Kinder kriegen. Aber ich finde es wichtig, dass ich meinen Kindern etwas bieten kann.

⊙ 39
Regina
Ich bin Studentin und möchte gern in Deutschland meinen Master machen. Deswegen besuche ich im Moment einen Deutschkurs und hoffe, dass ich nächstes Jahr den Sprachtest für die Uni bestehe und einen Studienplatz für Informatik bekomme. In spätestens fünf Jahren möchte ich wieder nach Polen zurück und dort bei einer IT-Firma arbeiten und viel Geld verdienen. Ich denke, ich habe ganz gute Chancen. Akademiker mit deutschem Studienabschluss sind in Polen sehr beliebt. Über Heiraten und Kinderkriegen habe ich mir noch keine Gedanken gemacht. Jetzt ist mir erst mal meine Ausbildung wichtig.

⊙ 40
Paul
Meine Leidenschaft ist das Fotografieren, das mache ich schon seit ich 12 bin. Aber jetzt lerne ich erst mal Deutsch, in einem Jahr bestehe ich hoffentlich die Prüfung. Ich bin auch dabei, meinen Abschluss als Fotograf, den ich in Jamaika gemacht habe, anerkennen zu lassen. Ich hoffe, das klappt. Wenn nicht, mache ich eine Umschulung zum Medientechniker oder etwas anderes in der Richtung. Ich hoffe, dass ich dann eine Stelle finde. Im Moment ist das ja gar nicht so einfach. Aber wer weiß schon, was in fünf Jahren ist. Später möchte ich auf jeden Fall irgendwas mit Fotografie machen, wenn es nicht beruflich klappen sollte, dann halt privat. Ich träume davon, irgendwann mal eine Ausstellung mit meinen Bildern zu machen.

⊙ 41
Aufgabe 3a und 3b
Frau Anklam
Ich stehe jeden Morgen früh auf, auch am Wochenende. Ausschlafen? Das kenne ich seit Jahren nicht mehr. Meistens bin ich vor den Kindern wach, setzte mich in die Küche und trinke noch in Ruhe einen Kaffee, bevor der Trubel losgeht. Das ist meine letzte Chance, in Ruhe den Tag zu planen und zu überlegen, was ich alles erledigen muss. Aber oft kann man nichts planen. Wenn ein Kind krank wird oder der Kindergarten ausfällt, dann heißt es: flexibel sein, sich auf die neue Situation einzustellen, improvisieren.
Oft weiß ich nicht, wie ich das alles schaffen soll: Wäsche waschen, spülen, kochen, putzen, einkaufen, bei den Hausaufgaben helfen, Arztbesuche und dann noch der ganze Behörden- und Schreibkram. Gott sei Dank kann ich ziemlich gut strukturieren und Sachen organisieren.

⊙ 42
Frau Thoma
Schon als Kind habe ich gern mit unserem Puppenhaus gespielt und ständig die Möbel umgestellt. Wenn ich eine Idee habe, möchte ich sie sofort ausprobieren. Ich liebe Veränderung. Am schönsten finde ich es, wenn ich in einen leeren Raum komme, mit dem ich machen kann, was ich will. Dann kann ich meiner Kreativität freien Lauf lassen. Meistens muss ich aber die Vorstellungen der Kunden umsetzen. Das macht zwar nicht ganz so viel Spaß, aber ich kann sehr gut auf die Wünsche von anderen Leuten eingehen und ich kann sie auch kompetent beraten und davon überzeugen, was zu den Räumen passt. In meinem Beruf ist es wichtig, dass man gut mit Leuten umgehen kann und ihren Geschmack trifft, sonst bekommt man keine Aufträge.

Aufgabe 5a

● Arbeitsagentur Weinheim, mein Name ist Georg Büchsel. Was kann ich für Sie tun?

○ Ja, guten Tag, mein Name ist Ana Chakarova. Ich möchte gerne wissen, wie ich bei Ihnen eine Berufsberatung machen kann. Ich bin nämlich gerade mit meinem Deutschkurs fertig und weiß nicht so recht, was ich danach machen soll.

● Also, das läuft normalerweise so. Ich werde Ihnen jetzt ein paar allgemeine Fragen stellen und diese Informationen gebe ich dann weiter. Dann wird Sie einer unserer Berufsberater anrufen und mit Ihnen einen Termin ausmachen.

○ Verstehe.

● Ja, Frau Chakarova, zuerst müsste ich wissen, wie alt Sie sind.

○ Ich bin 28.

● Und Sie sind deutsche Staatsbürgerin?

○ Mein Mann ist Deutscher.

● Wie lange leben Sie schon in Deutschland?

○ Seit fast zwei Jahren. Vorher haben wir in Bulgarien gelebt.

● Und haben Sie dort gearbeitet?

○ Ich habe Krankenpflege studiert, aber dann nie in dem Beruf gearbeitet. Und ich möchte jetzt etwas anderes machen.

● Was für einen Schulabschluss haben Sie?

○ Ich weiß nicht, was das in Deutschland genau ist. Ich war 12 Jahre in der Schule.

● Gut, Frau Chakarova, das reicht mir schon. Die Nummer unter der wir Sie erreichen können, ist die, die ich hier auf dem Display sehe?

○ Ja.

● Gut, dann wird Sie in den nächsten Tagen einer unserer Berufsberater anrufen und einen Gesprächstermin mit Ihnen vereinbaren. Mit dem werden Sie dann ein Gespräch führen und eventuell können wir auch einen Test machen. Dann sehen wir weiter.

○ Ja, prima, vielen Dank – auf Wiederhören.

● Auf Wiederhören.

Aufgabe 8b

● Guten Tag Frau Stankova, ich bin Herr Böser. Schön, dass Sie gekommen sind. Haben Sie uns denn gut gefunden?

○ Ja, das war kein Problem. Ich kenne mich ganz gut aus in der Stadt.

● Das ist schön. Möchten Sie einen Kaffee? Oder einen Tee?

○ Gerne einen Tee.

● Gut, Frau Stankova, dann wollen wir gleich anfangen. Sie haben sich auf die Stelle als Online-Beraterin beworben. Erzählen Sie doch ein wenig über Ihre beruflichen Erfahrungen.

○ Ja, also, nach meiner Ausbildung als Einzelhandelskauffrau habe ich bei ProCom in Rendsburg angefangen …

● … Gut dann möchte ich Ihnen kurz die Tätigkeit beschreiben, die hier auf Sie warten würde. Also, wie Sie sicher wissen, sind wir ein Unternehmen des elektronischen Handels …
… Haben Sie denn noch Fragen zu der Stelle?

○ Ja, mich würde interessieren, wie die Arbeitszeiten bei Ihnen strukturiert sind. Haben Sie Gleitzeit?

● Ja, in der Buchhaltungsabteilung haben wir eine Kernzeit von 9 Uhr …

● … Gut, dann kommen wir zu den Finanzen. Wir haben hier den Tarifvertrag der Gewerkschaft Verdi. Das Grundgehalt beträgt danach am Anfang …
… Ja, das wäre es von meiner Seite. Haben Sie noch Fragen?

○ Nein, soweit, denke ich, ist alles geklärt – außer: Bis wann denken Sie denn, dass Sie zu einer Entscheidung kommen?

● Geben Sie uns etwas Zeit, Frau Stankova. Aber ich denke, in 14 Tagen hören Sie von uns.

○ Ja, das ist gut.

● Gut, dann darf ich mich verabschieden. Ich bedanke mich für das Gespräch und wünsche Ihnen einen guten Heimweg.

○ Vielen Dank. Ich freue mich, wenn es klappt.

Aufgabe 8c

Ortiz: Guten Tag.

Soest: Guten Tag, ich nehme an, Sie sind Frau Ortiz: Nehmen Sie bitte Platz. Wir haben ja schon miteinander telefoniert. Sie interessieren sich also für die Stelle als kaufmännische Angestellte. Möchten Sie einen Kaffee?

Ortiz: Ja, gerne, ich habe nämlich noch nicht gefrühstückt. Sie haben ja ein schönes Büro!

Soest: Danke, ja … gut, ich sehe in Ihren Papieren, dass Sie zuletzt in Stuttgart gearbeitet haben. Erzählen Sie doch mal, was Sie beruflich bisher gemacht haben.

Ortiz: Beruflich? Eine ganze Menge. Also, zuerst war ich in Augsburg. Da habe ich in einer kleinen Import-Firma gearbeitet. Das war eine tolle Zeit. Die Kollegen waren nett und das Betriebsklima war super, wir hatten viel Spaß miteinander.

Soest: Ja, gut. Und jetzt suchen Sie hier in Ravensburg eine Stelle?

Ortiz: Tja, was soll ich machen? Ich habe halt Ihre Anzeige im Internet gefunden. Eigentlich wollte ich ja lieber in Stuttgart bleiben, aber da habe ich leider nichts Passendes gefunden.

Soest: Haben Sie denn Fragen zu der Stelle?

Ortiz: Ja. Wie ist das mit den Arbeitszeiten und mit dem Urlaub?

Soest: Tja, 39 Stunden die Woche und 30 Tage Urlaub im Jahr. Überstunden werden durch Freizeit ausgeglichen.

Ortiz: Klingt o. k.

Soest: Lassen Sie uns zum Schluss über die Finanzen sprechen. Welche Vorstellungen haben Sie?

Ortiz: In Stuttgart habe ich zum Schluss 2500 Euro verdient. Ich denke, dass 3000 bis 3200 für den Anfang in Ordnung wären.

Soest: Na gut, das werden wir noch sehen. Frau Ortiz, Sie hören von uns.

Ortiz: O. k., super. Sie haben ja meine Telefonnummer.

Lösungen

Hier finden Sie alle Lösungen zu Aufgaben mit eindeutigen Lösungen. Lösungsvorschläge zu den offenen Aufgaben finden Sie unter: www.langenscheidt.de/treffpunkt-beruf-b1

Block A – Service

1a Zimmerreservierung in einem Hotel und Tischreservierung im Restaurant

1b 1D – 2A – 3B – 4C

1c A: heute, 20 Uhr, Roschke / MediaData, Tischreservierung, fünf Personen
B: morgen, 13 Uhr, List / Steuerbüro Würth, Tischreservierung, sieben Personen
C: 3, 19.–21. Mai, Theo Stern, Zimmerreservierung, zwei Doppelzimmer
D: 4, 17.–21. Mai, Abt / NeoData, Zimmerreservierung, sechs Einzelzimmer, Tagungsraum für zehn Personen

2a schon gewählt, hätten Sie denn gerne, würde ich Ihnen, empfehlen, hätte ich außerhalb der Speisekarte

2c

1. M	4. M	7. K	10. M	13. M
2. M	5. K	8. K	11. M	14. M
3. K	6. M	9. K	12. K	15. M

3a 1B – 2A – 3C

3b Dialog 1: Problem = Das Steak ist blutig.
Reaktion = Der Kellner bringt es noch einmal in die Küche.
Dialog 2: Problem = Der Joghurt ist abgelaufen.
Reaktion = Die Kundin bekommt das Geld zurück.
Dialog 3: Problem = Das Zimmer ist zu laut.
Reaktion = Der Kunde wartet auf die Chefin.

4a 1. Die Kundin hat sich beschwert, weil sie keine Antwort auf ihre E-Mail bekommen hat.
2. Es gab ein Internetproblem.
3. Die Mitarbeiterin lädt die Kundin zu einem Begrüßungsdrink ein.

5a 6–9 Stunden: 30 Minuten Pause
über 9 Stunden: 45 Minuten Pause

5b 1. Roberto macht keinen Fehler.
2. Anna macht zu kurz Pause.
3. Ute macht zu lang Pause.

6a Die Personen sprechen über den Schichtplan. Sie arbeiten in einem Restaurant.

6b

	Tresen	Innenbereich	Biergarten
Montag	Fatma	Uwe	Halina
Dienstag	Micha (abends)	Uwe	Halina
Mittwoch	Halina	Uwe	Micha
Donnerstag	Anja	Fatma	Micha
Freitag	Fatma	Uwe	Halina

6c 1b – 2c – 3a – 4d

7a 1. Durch **S**auberkeit und **O**rdnung steigen die **Pro**duktqualität, die **Mit**arbeiterzufriedenheit und die **S**icherheit im Unternehmen.
2. Sie steigern Produktqualität, die Mitarbeiterzufriedenheit und die Sicherheit im Unternehmen.
3. S + O lässt sich durch tägliche Routine einfach erreichen.
4. Alles Dinge, die man im Arbeitsalltag sehen kann.

8b 1 – 2 – 3 – 4 – 5 – 6 – 7 – 8 – 10 – 11 – 12 – 13 – 14

8c 1. R – 2. F – 3. R – 4. F – 5. F – 6. R – 7. F – 8. F

10a Smalltalk 1 läuft gut, Smalltalk 2 nicht.

Typisch Berufssprache c
die Erklärung – erklären
die Bedienung – bedienen
die Unterweisung – unterweisen
die Planung – planen
die Vorstellung – vorstellen

Block B – Arbeit im Team

1b A
Heilerziehungspflegerin
Menschen mit Behinderungen
B
Hebamme
Schwangere / werdende Väter / Babys
C
Arzthelferin
Kranke
D
Psychotherapeut
Menschen mit psychischen Problemen
E
Altenpflegerin
Senioren
F
Erzieherin
Kinder im Vorschulalter

2b 1b – 2d – 3e – 4g – 5c – 6f – 7a

3a TOP 1: Anmerkungen zum letzten Protokoll
TOP 2: Vorstellung der neuen Mitarbeiterin
TOP 3: Tourenpläne
TOP 4: Fortbildung Erste Hilfe
TOP 5: Lob und Beschwerden

3c Ich höre aufmerksam zu:
Mhm. • Ja, genau. • Stimmt. • Aha. • Echt? • Wirklich? • Schon? • Ah ja. • Das ist aber interessant! • Sag das noch mal!
Ich möchte etwas sagen:
Darf ich dazu gleich etwas sagen? • Ich habe zu diesem Punkt noch etwas. • Ich sehe das anders. • Ich finde, dass … • Jetzt bin ich aber mal dran. • Ich wollte nur berichten, dass … • Ich sehe da folgendes Problem: … • Kann ich zu … noch mal was fragen?
Ich möchte Meinungen hören:
Wie seht ihr das? • Was meint ihr dazu? • Ich würde zu diesem Thema gerne noch andere Meinungen hören. • Wer möchte dazu noch etwas fragen?

4e 1c – 2e – 3h – 4f – 5a – 6d – 7g – 8b

5a Die Person ärgert sich, weil ihre Kollegin oft zu spät kommt.

5b A2 – B5 – C4 – D5 – E6

6a Hdz.: Handzeichen – f: Früh – m: Mittag – a: Abend – n: Nacht

7a d – b – a – c

7b a) – 2. – c) – 4. – 5.

7c 1d – 2e – 3a – 4c – 5b

7d 1. Pat. schläft fest, TV leiser gestellt (war sehr laut).
2. Pat. hat männlichen Besuch; ein Freund war da.
3. Pat. klagte über Kopfschmerzen und jammert über Müdigkeit.

8a Arne Schmidt, Assistent für Elektronik und Datentechnik, Firma Brillen Huber, 8.–19. August, EDV-Abteilung, Frau Pommeranz

8b Informationen über den Betrieb, Informationen zu den Tätigkeiten im Praktikum, Bezeichnungen der verwendeten EDV-Programme, Bewertung des Praktikums, Informationen über besondere Erfahrungen

9a Gesundheits- und Krankenpfleger/innen müssen oft mit schweren Lasten arbeiten, stehen häufig unter Zeitdruck und leiden unter Arbeitsüberlastung.

9b A: zu wenig Personal
B: nu rein alter PC für alles
C: Übermüdung
D: schlechte Arbeitsorganisation

9d Also wir haben da ein ziemlich dickes Problem.
Wir sind so gestresst, dass …
Ich will das dann nicht ausbaden.
… dass wir zu wenig Leute sind.
Wir können nur ordentlich arbeiten, wenn es weniger wird.
Wenn der Betriebsrat dabei ist, habe ich nichts gegen ein Gespräch mit den Chefs.

Typisch Berufssprache c
-ion: die Applikation, die Funktion, die Information, die Produktion, die Reklamation
-tät: die Qualität, die Produktivität
-e: die Karriere, die Recherche, die Routine, die Perspektive
-um: das Klinikum, das Praktikum, das Studium, das Forum

Typisch Berufssprache d
1. die Applikation	8. die Karriere
2. die Information	9. das Praktikum
3. die Perspektive	10. das Forum
4. die Funktion	11. die Reklamation
5. die Routine	12. das Studium
6. die Produktion	13. die Produktivität
7. die Qualität	14. die Recherche

Typisch Berufssprache e 14 – 4 – 6 – 12 – 2 – 11 – 9

Block C – Handwerk und Industrie

2a A4 – B2 – C3 – D1

5b Auftragstitel: Ihre Anfrage vom 20.04.: Anbringen einer Dachrinne
Material: Kupfer
Preis: 980,– Euro zuzüglich 16 % Mehrwertsteuer. Rabatt von 10 %
Termin: im Juni

6a 1. F – 2. R – 3. F

6b 1. H – 2. K – 3. H – 4. H – 5. H – 6. K – 7. K – 8. H – 9. H – 10. H – 11. K

6c 1e – 2a – 3b – 4f – 5d – 6c

7a C – B – E – D – A (oder G) – F – G (oder A) – H – I – J

7c 1g – 2e – 3i – 4c – 5a – 6b – 7d – 8f – 9h

8a 1. Seestr. 15 78467 Konstanz – 2. Am Weinberg 15 78467 Konstanz – 3. 80,– Euro, 9,30 Euro, 89,30 Euro – 4. DE 205907XB3 – 5. Postbank Stuttgart, BLZ 60010070, KTO: 2490470 – 6. 1579 – 7. 20.03.2012 – 8. 17.03.2012 – 9. von „– Rasenmähen" bis „(3 Stück à 3,10 Euro) – 10. Zahlbar sofort.

9a
	1	2	3
A Kollege mit Chef/in		X	
B Kollege mit Kollegin	X		
C Chef/in mit Kunde/Kundin			X

9b A3 – B2 – C1

9c jemanden zu etwas auffordern:
Sag mal dem Chef Bescheid. (ugs.),
Sagen Sie bitte dem Chef Bescheid. (allg.)
Könnten Sie bitte dem Chef Bescheid geben? (form.)
positiv auf eine Aufforderung reagieren:
o. k. (ugs.)
Ja, mach ich. (allg.)
Ja, das wird erledigt. (form.)
ablehnen, weil man keine Zeit hat:
Keine Zeit. (ugs.)
Dazu habe ich leider keine Zeit. (allg.)
Es ist mir leider nicht möglich, das in diesem Zeitrahmen zu erledigen. (form.)

sich entschuldigen:
Sorry! (ugs.)
Tut mir sehr leid. (allg.)
Ich möchte mich bei Ihnen entschuldigen. (form.)
widersprechen:
Das stimmt nicht! (ugs.)
Ich bin da anderer Meinung. (allg.)
Ich möchte Ihnen da widersprechen. (form.)

9e Der Dialog ist umgangssprachlich.
● Können Sie das bitte ins Lager bringen?
○ Natürlich, sofort.
● Bitte beeilen Sie sich. Die brauchen das dringend im Lager.
○ Ich bin schon auf dem Weg.
● Haben Sie noch eine Frage?
○ Wem soll ich es geben?
● Das macht keinen Unterschied.

10c Mi.: Mittwoch
Parkpl.: Parkplatz
Hr.: Herr
Infos: Informationen
usw.: und so weiter
Jan.: Januar
Do.: Donnerstag
CC: Carbon Copy ≈ weitere Empfänger
zz.: zurzeit
Azubi: Auszubildende/r
LG: Liebe Grüße
P.S.: Post Scriptum = noch eine Ergänzung / ein Nachsatz
spät.: spätestens
Mo.: Montag

Typisch Berufssprache c
Handwerk, Dienstleistung, Arbeitskleidung, Geschäftsbrief, Gesamtpreis, Fachkraft, Schutzkleidung, Kündigungsschutz, Gefahrenstoff, Preisvorstellung, Handbuch, Betriebrat, …

Typisch Berufssprache d
Fahrzeuginnenausstatter/in: Er oder sie stattet Fahrzeuge von innen aus.
Dachdecker/in: Er oder sie deckt Dächer.
Textilprüfer/in: Er oder sie prüft Textilien.
Altenpfleger/in: Er oder sie pflegt Senioren / ältere Menschen.
Schornsteinfeger/in: Er oder sie fegt Schornsteine.
Arbeitsberater/in: Er oder sie berät Arbeitnehmer und Arbeitnehmerinnen.

Block D – Berufliche Ziele

2a Magda: Kellnerin in einer Pizzeria
Milan: arbeitslos, verbessert sein Deutsch
Regina: Deutschkurs
Paul: Deutsch lernen

2b Magda, 21:
in einem Jahr: Praktikum in einem Hotel
in fünf Jahren: Abschluss Ausbildung zur Hotelkauffrau
später: Mann kennenlernen, Familie gründen
Milan, 26:
in einem Jahr: sehr gut Deutsch sprechen
in fünf Jahren: sich selbstständig machen
später: heiraten und Kinder kriegen
Regina, 19:
in einem Jahr: Sprachtest für die Uni bestehen
in fünf Jahren: zurück nach Polen, Arbeit bei IT Firma
Paul, 34:
in einem Jahr: Deutschprüfung bestehen
in fünf Jahren: eine Stelle finden
später: etwas mit Fotografie machen

3a Frau Anklam: Hausfrau
Frau Thoma: Innenarchitektin

3b Frau Anklam: improvisieren, strukturieren, organisieren
Frau Thoma: kreativ sein, auf Leute eingehen, beraten, überzeugen

3c 1. Autos reparieren, Wasserhähne anschließen, Bilder aufhängen
2. Geschenke einpacken, Räume dekorieren, Kleidungsstücke entwerfen
3. Gäste/Kunden bedienen
4. mit älteren Menschen umgehen
5. Ausflüge organisieren
6. gut mit Kindern umgehen
7. viele Dinge gleichzeitig machen
8. gut mit Kindern umgehen
9. schwere Lasten tragen

4a Hausfrau und Mutter

5a 1. Frau Chakarova ruft die Arbeitsagentur an.
2. Sie möchte wissen, wie sie eine Berufsberatung machen kann.
3. Frau Chakarova kommt aus Bulgarien.
4. Sie ist seit zwei Jahren in Deutschland. Davor hat sie in Bulgarien gewohnt und dort Krankenpflege studiert. In Deutschland hat sie einen Deutschkurs gemacht.
5. Ein Berufsberater wird sie anrufen und einen Termin mit ihr ausmachen.

7a Bestätigungen von Fortbildungskursen, Passfoto, Anschreiben, Abschlusszeugnisse, Lebenslauf, Arbeitszeugnisse, Empfehlungsschreiben aus dem beruflichen Kontext

7b 1f – 2c – 3e – 4b – 5d (oder c) – 6a

7c 1. f
2. j, l, c, e, n, h
3. m, i, d, b
4. a
5. k
6. g

8a 1: Begrüßung und erstes Kennenlernen, 2: Fragen zur Berufsbiografie, 3: Erklärung der Tätigkeit, 4: zusätzliche Fragen des Bewerbers / der Bewerberin über die Tätigkeit, 5: Klärung von Finanzfragen, 6: Verabschiedung und evtl. Termin für Rückmeldung

9a Paolo Fini
– geboren 1978
– 1983: Umzug nach Deutschland
– Hauptschulabschluss
– Deutscher Pass
– Lehre zum Installateur
– Praktikum in der Metallbranche + Übernahme
– Nachqualifizierung zum Industriemechaniker
– Fortbildung zum Industriemeister Metall
Samah Ibrahim
– 2006: Flucht aus dem Sudan, Ankunft in Deutschland
– Deutschkurs
– Ausbildung zur Arzthelferin
– Studienkolleg

10b Anzeige 5

Typisch Berufssprache c

serviceorientiert	der Service + orientiert
die Berufserfahrung	der Beruf + die Erfahrung
die Vollzeitstelle	die Vollzeit + die Stelle
der Bildungsgutschein	die Bildung + der Gutschein

Typisch Berufssprache d

Stellensuche: Zeitungsanzeigen, Kontake, Internetrecherche
Schriftliche Bewerbung: Anschreiben, Anlagen, Zeugnisse, Referenzen
Bewerbungsgespräch: Kleidung, gute Vorbereitung
Persönliche Stärken: kommunikativ

Quellenverzeichnis

Seite 3: von oben: Kadmy – Fotolia.com; Gina Sanders – Fotolia.com; Uwe Annas – Fotolia.com; shutterstock
Seite 4: Kadmy – Fotolia.com
Seite 6: Annalisa Scarpa-Diewald
Seite 7: Norman Pogson – Fotolia.com
Seite 9: von links: Monkey Business Images – shutterstock; Helder Monteiro – shutterstock;
        Poulsons Photography – shutterstock; Dan Race – Fotolia.com; Yuri Arcurs – shutterstock
Seite 11: RedTC – Fotolia.com
Seite 16: A: Tomasz Markowski – shutterstock; B: Jaimie Duplass – Fotolia.com; C: Kzenon – Fotolia.com;
        D: Gabriel Blaj – Fotolia.com; E: iStock; F: matka Wariatka – Fotolia.com
Seite 17: Gelpi – shutterstock
Seite 18: Andresr – shutterstock
Seite 22: Franz Pfluegl – Fotolia.com
Seite 23: Monkey Business Images – shutterstock
Seite 28: von oben: contrastwerkstatt – Fotolia.com; chaya1 – Fotolia.com; Felix König – wikimedia
Seite 29: A: uwimages – Fotolia.com; B: Goodluz – shutterstock; C: areafoto – Fotolia.com;
        D: Uwe Annas – Fotolia.com
Seite 30: von links: contrastwerkstatt – Fotolia.com, contrastwerkstatt – Fotolia.com; ZIV DSC
Seite 31: Ulrike Maier
Seite 32: Bettina Pressl – Fotolia.com
Seite 34: CandyBox Images – Fotolia.com
Seite 40: A: Gino Santa Maria – shutterstock; B: Michael Baudy – pixelio.de; C: Gina Sanders – Fotolia.com;
        D: Picture-Factory – Fotolia.com; E: Annalisa Scarpa-Diewald; F: Chris Schmidt – iStock
Seite 41: von links: Thiele – Fotolia.com; Mumpitz – Fotolia.com; Daniel Rennen – pixelio.de;
        lenetstan – shutterstock
Seite 47: shutterstock
Seite 48: links: vgstudio – Fotolia.com; rechts: Jason Stitt – Fotolia.com